이기는 대화
지지 않는 대화

이기는 대화
지지 않는 대화

초판 1쇄 인쇄   2019년 1월 03일
초판 1쇄 발행   2019년 1월 09일

지은이   이경윤
펴낸이   김명호
펴낸곳   도서출판 머니플러스
편 집   장강희
디자인   페이퍼마임
마케팅   김미용, 조병훈
관 리   문난영
주 소   경기도 고양시 일산동구 강송로 33 5605호(일산요진와이시티)
전 화   02-352-3272
팩 스   031-908-3273
이메일   pullm63@empal.com
등록번호   제311-2004-00002호

잘못된 책은 구입하신 서점에서 교환해 드립니다.
ISBN 979-11-87314-45-5 (13320)

이 도서의 국립중앙도서관 출판예정도서목록(CIP)은 서지정보유통지원시스템 홈페이지
(http://seoji.nl.go.kr)와 국가자료공동목록시스템(http://www.nl.go.kr/kolisnet)에서
이용하실 수 있습니다. (CIP제어번호:2018042200)

이기는 대화
지지않는 대화

이경윤 지음

MP 머니플러스

목차

머리말   • 9

《1부》
이기는 대화

1. 이기는 대화란 무엇인가

이기는 대화의 정의   • 15
이기는 대화가 갖는 힘   • 21
먼저 대화의 핵심인 말에 대해 알아야 한다   • 22
말은 내 영혼의 에너지다   • 29
대화의 본질은   • 31

2. 지피지기 대화불태(知彼知己 對話不殆)

지피지기 대화불태(知彼知己 對話不殆)   • 37
이기는 대화를 하려면 먼저 나를 알아야 한다   • 39
이기는 대화를 하려면 다음으로 상대를 알아야 한다   • 47
상대를 아는 최고의 방법은 경청이다   • 50

3. 이기는 대화의 시작 - 내 말격 높이기

말에도 격이 있다 - 말격   • 55
말의 질을 떨어뜨리는 단어, 말들   • 59

말의 격을 떨어뜨리지 않는 방법   • 64

말의 품격을 올리는 방법   • 67

4. 이기는 대화 기술

이기는 대화를 위한 의식 훈련   • 73

주장 대신 의논하는 대화   • 77

비판 대신 분별하는 대화   • 79

명령 대신 부탁하는 대화   • 80

참음 대신 이해하는 대화   • 84

자존심 대신 자긍심으로 하는 대화   • 89

5. 이기는 대화의 최고봉

차딱불 따부소 원칙   • 95

감동, 감탄 대화 - 따뜻함   • 97

힐링 대화 - 부드러움   • 101

공감, 동감 대화 - 소통   • 105

내 속에 내가 너무 많아 공감이 힘든 경우 • 111

《2부》

지지 않는 대화

---

6. 지는 대화의 종류

지지 않는 대화와 지는 대화의 종류   • 121

내성적 대화   • 124

끊어지는 대화 • 130

자신감 없는 대화 • 132

리듬을 깨는 대화 • 134

분위기 파악 못 하는 대화 • 136

발음이 부정확한 대화, 목소리 문제 • 138

뒷담화, 남 탓 대화 • 142

영혼 없는 대화 • 146

7. 지지 않는 대화의 비결

지지 않는 대화의 비결 • 149

불평불만을 쏟아놓을 때의 대처법 • 150

상대의 공격적 비판을 지혜롭게 받아치는 법 • 155

싫은 말을 들어서 마음이 상할 때의 대처법 • 157

상대에게 지혜롭게 충고하는 방법 • 159

부부싸움 후 화해 대화하는 법 • 162

대화 중 오해가 생겼을 때 대처법 • 164

대화 중 스트레스를 받을 때 대처법 • 166

8. 스토리텔링 대화

스토리텔링이란 • 171

대화를 잘하는 사람은 스토리텔링 달인이다 • 175

재미있는 스토리텔링 대화 • 179

감동적인 스토리텔링 대화 • 184

의미 있는 스토리텔링 대화 • 189

9. 유쾌한 대화, 맛깔 나는 대화

유쾌한 대화를 이끄는 방법 • 197
맛깔 나는 대화가 있다 • 200
대화에 맛을 입힐 때 써먹을 수 있는 사투리들 • 204

《3부》
진짜 이기는 대화를 하려면

10. 지는 것이 이기는 것이다

이긴 게 이긴 게 아니다 • 213
지는 것이 이기는 것이다 • 216
내 중심의 시각이 왜곡을 만들어낸다 • 220

11. 진짜 이기는 대화를 하려면

나를 죽이는 대화를 해야 한다 • 225
상대를 살리는 대화를 해야 한다 • 228
실력이 없이 이기는 대화는 없다 • 234
내 실력이 높은 상태에서 져주는 대화가 이기는 대화다 • 235
실력을 갖춘 자가 져주는 모습은 아름답다 • 236

12. 내 대화 실력을 키우는 방법

내 실력을 키우려면 상대 에너지를 흡수해야 한다 • 239
상대 에너지를 흡수하려면 이기심을 없애야 한다 • 244
최고의 실력은 상대를 알아주고 인정해주고 존중해주는 것이다 • 247

열 길 물속은 알아도 한 길 사람 속은 모른다는 속담이 있다. 그만큼 사람 속은 알기 힘들다.

하지만 사람 속을 잘 알 수 있는 방법이 있으니 바로 '말'이다. 그 사람이 하는 말을 통해 그의 내면을 들여다 볼 수 있다. 왜냐하면 말이란 한 사람의 내면에 들어 있는 지식과 감정, 생각들이 총체적으로 융합되어 터져 나오는 에너지이기 때문이다.

이 때문에 말이 갖는 힘은 막강하다. 10억의 빚을 갚으려면 평생을 고생해야 하지만 말 한마디로 갚을 수 있는 게 말의 힘이기 때문이다.

이러한 말과 말의 결합이 곧 대화다.

어차피 말은 홀로 존재하기 힘들고 대화하기 위해 지어진 것이기도 하다. 그런 면에서 대화는 말이 가지는 힘보다 몇 배의 힘을 가진다. 현재 서점가에 대화와 관련하여 하나의 코너가 만들어질 정도로 사람들의 관심이 지대한 것도 이와 무관하지 않다.

하지만 대화의 본질에 접근한 책은 많지 않은 듯하다.

사람들은 단지 인생의 성공을 위해 필요한 여러 가지 도구들 중 하나로 대화를 인식한다. 물론 맞는 접근이긴 하지만 대화에는 그 이상의 의미와 상징도 함축되어 있다.

이 책은 대화에 대한 일반적 접근뿐만 아니라 본질에 대한 접근도 하여 그것을 드러내 보이고 해법에 다가가고자 시도할 것이다.

좋은 대화는 분명 우리 삶을 윤택하게 하고 인간관계도 좋게 하여 직업적으로도 성공의 길을 하게 하는 힘이 있다. 하지만 우리의 인간관계가 항상 좋은 대화만 오간다면 좋으련만 현실은 인간관계를 악화시키는 동력으로 작용하는 것 또한 대화의 한 부분임을 무시할 수 없다.

오늘날은 좋은 위치에 있는 사람들조차 잘못된 대화로 하루아침에 내려와야 하는 시대이지 않은가. 그런 면에서 대화는 또한 투쟁적 성격도 지닌다. 이 책의 제목이 조금은 투쟁적인 것도 이와 무관하지 않다.

사람들은 우리 삶에 왜 이런 부정적 대화가 생기는지 그 근본 원인에 접근하지 못하고 있다. 사실 이런 문제는 인간의 근원을 짚어봐야 하는 문제로까지 깊어진다. 필자는 오랫동안 이 문제에 대해 연구하고 공부해왔다. 따라서 이 책은 이런 문제까지 파고들어 해법을 제시할 것이다.

부디 이 책을 통하여 대화의 본질에 접근하고 직업에서 대화에 성공할 뿐 아니라 가정에서도 대화에 성공하는 사람들이 많이 나오길 기대한다. 그리하여 이 사회에 조금이라도 기여할 수 있다면 이보다 더 큰 기쁨은 없을 듯하다.

이경윤

1부

이기는 대화

chapter 01
이기는 대화란 무엇인가

이기는 대화의 정의

L이 아내에게 말한다.

"오늘 아침 태워줄게."

그러자 돌아오는 말이 매섭다.

"아니, 당신 정신이 있어, 없어! 애가 아픈데······."

갑자기 L의 가슴이 턱 막힌다. 아이가 아파 아침 일찍 병원 들러야 하는데 아내는 출근해야 하므로 그나마 프리랜서로 시간이 자유로운 L이 병원에 들렀다 학교를 보내야 한다. 요즘 감기가 유행이라서 병원에 환자가 밀려 아내를 태워준 후 미리 병원에 들러 예약해야 늦지 않겠다 싶어 던진 말이었는데, 전혀 예상치 못한 말이 되돌아온 것이다.

뒤이어 L의 가슴을 뭉개는 말이 이어진다.

"그러니까 당신은 안 돼! 늘 이 모양이잖아!"

그 말은 L 속에 잠자던 분노를 깨웠다. 갑자기 1,000도씨의 불덩어리가 솟구친다. 한동안 잘 재우고 있었는데 이런 사소한 대화로 터져 나올 줄 몰랐다.

L은 손에 잡히는 대로 물건을 내동댕이치며 화를 분출했다. 이렇게 아내와의 긴 평화가 순식간에 깨지고 말았다.

L과 아내는 가끔 위와 같은 패턴의 노예가 되어 관계가 깨지는 일을 겪곤 한다. 자기도 모르게 무의식적으로 던진 말 한마디에 생각지도 못한 다툼이 시작되는 것이다.

관계를 깨는 것은 아주 쉽지만 다시 회복하는 과정은 고통스럽다.

L 부부는 왜 이런 악순환의 굴레 속에서 벗어나지 못하는 걸까?

나는 지난 10여 년 동안 이런 문제를 분석하고 또 분석해 왔다.

이 일은 단지 L 부부만의 문제가 아니라 우리 부부, 나아가 세상 모든 부부의 문제로 확장될 수 있기에 아주 중요한 문제다.

대부분 이혼 사유가 성격 차이로 나오는데 이 역시 서로의 마음을 이해하지 못한 채 자기 중심적으로 배우자에게 말을 쏟아냈기에 일어난 일로 귀결될 수 있다.

그럼 위 사건에 집중해 왜 이런 일이 일어났는지 분석해 보자.

먼저 아내 입장에서 생각해 보면 아이에게 더 신경 써야 할 사람이 엉뚱한 데 신경을 쓰니 화가 났던 것일 테고, L 입장은 평소 습관대로 아내를 위한답시고 말을 던졌을 뿐인데 생각지도 못한 매서운 말을 되받으니 화가 치밀 수밖에 없었던 셈이다.

이 문제의 근본은 분명 서로의 입장을 헤아리지 못하는 마음에 있다. 아무리 부부일심동체라 하지만 그것은 교과서의 이론일 뿐이다. 현실에서 상대의 마음을 헤아리는 일심동체인 부부는 아직까지 본 적이 없다.

인간이 상대의 마음을 헤아린다는 것은 거의 신의 경지에 가깝다. 따라서 상대의 마음을 헤아리는 수준까지 도를 닦으라는 것은 소귀에 경 읽기밖에 되지 않는다. 현실적으로 이 문제의 해결점을 찾아야 한다.

나는 이 관계에서 중요한 것이 말이라 여긴다. 두 사람 사이에 오가는 말을 대화라 하므로 대화가 중요하다는 이야기다. 아무리 서로의 입장을 이해하지 못하고 있었다 해도 대화만 좀 잘했더라면 L 부부의 참사는 막을 수 있었다. 하지만 인간의 약점 중 하나는 대화의 기술이 부족하다는 데 있다.

만약 L이 아내에게 이렇게 말했더라면 어땠을까?

"아침 일찍 병원 예약을 해야 아이 학교에 늦지 않을 테니 일찍 나가야 할 것 같은데 가는 길에 당신도 태워주면 어떨까?"

아마도 그랬더라면 아내도 매서운 답을 하지 않았을 가능성이 높다. 왜냐하면 앞의 말에서는 "태워줄게."라고 단정적으로 말했으나 뒤의 말은 "태워주면 어떨까?" 하고 의논조로 말했기 때문이다.

부부 간의 대화를 잘 살펴보면 대개가 주장이나 단정이 많다. 그러나 주장이나 단정의 말에는 '이기심'이라는 매서운 무기가 담겨 있다는 사실을 알아야 한다.

인간은 인격적 존재이기에 매서운 무기가 담겨 있는 말을 들으면 당연히 경계하게 된다. 만약 상대의 마음이 안정적 상태라면 그냥 받아넘길 수도 있으나 신경이 예민한 가운데 있다면 주장이나 단정의 말은 위기상황을 만들어낼 수 있다. 그래서 L도 "그러니까 당신은 안

돼! 늘 이 모양이잖아!"와 같은 혹독한 말을 들어야 했던 것이다.

아내도 마찬가지다. L의 아내는 성격이 좀 거세다. 그러다 보니 신경이 예민할 때는 단어의 선택이 과격해진다. 하지만 과격한 단어는 과격한 분노를 불러올 수 있다. 사실 아내는 그걸 잘 알면서도 그 순간이 닥치면 당최 마인드컨트롤이 되지 않는다.

만약 아내가 "아니, 당신 정신 있어, 없어! 애가 아픈데……."라는 말 대신 "애가 아프니 나보다 애한테 집중해줬으면 좋겠어요."라고 말했다면 남편의 기분이 어땠을까? 일단 논리성도 있고 부드러운 말투니 기분이 나빠지는 상황까지는 가지 않았을 테다. 게다가 이렇게 말했다면 "그러니까 당신은 안 돼! 늘 이 모양이잖아!"라는 관성으로까지 이어지지도 않았을 가능성이 높다.

성난 말은 불의 성질이 있기에 더 성난 말을 불러일으킨다.

그런 면에서 나는 L도 아내도 서로 상대에게 지는 대화를 하고 말았다고 여긴다. 여기서 지는 대화란 이기는 대화의 반대말이다. 즉 이기는 대화를 하지 못했다고 생각한다.

내 개념 속의 이기는 대화란 상대를 힘으로 눌러 이기는 것이 아니라 대화를 통해 서로를 원원으로 이끄는 대화다.

인간이 대화를 하는 목적은 서로에게 유익을 주기 위함이다. 그 유익은 즐거움도 될 수 있고 감동도 될 수 있으며 의미도 될 수 있고 나아가 위로와 격려도 될 수 있다. 그 대화를 통하여 서로가 의미나 힘, 그 외 유익을 얻었다면 그것은 이기는 대화라 할 수 있다.

　반면 지는 대화란 서로 또는 어느 한쪽에게 상처를 남기는 대화다. 이는 대화를 힘으로 사용했기에 일어나는 일이다.

　인간관계는 늘 갑을관계로 이루어지기에 인간은 상대 위에 서려는 습성이 있다. 내가 상대 위에 서려 하는 순간, 상대는 상처를 입고 만다. 왜냐하면 인간은 인격적 존재이기도 하기 때문이다.

　명심할 것은, 성공하는 사람은 이기는 대화에 능숙한 사람들이란 사실이다. 그들은 이기는 대화를 하기에 늘 주변에 사람들이 들끓는다. 하지만 실패하는 사람은 지는 대화에 익숙하다. 그래서 그 주변에 있던 사람들마저도 하나둘 떠나게 된다.

　이기는 대화에 대한 이야기를 하려는 이유가 바로 여기에 있다.

　사람들은 성공요인으로 여러 가지를 이야기하지만 나는 그중 가장 중요한 '대화'에 관한 이야기를 하고픈 것이다. 만약 여기에서 말하는 '이기는 대화'에 집중한다면 당신은 생각지도 못한 인생의 유익을 얻을 수 있으리라 확신한다.

이기는 대화가 갖는 힘

M은 대화할 때 분위기를 주도하기로 유명하다. 언변도 좋을 뿐더러 사이사이 고급스런 단어도 쓸 줄 알아 상대의 감탄을 자아낸다. 지식과 경험도 풍부해 하나의 주제가 나오면 폭넓은 지식 자랑에 여념이 없다. 이런 M과 대화하는 상대들은 대개 주눅이 든다. 해외여행 이야기가 나오면 홍콩, 대만, 미국, 유럽 등 곳곳에서의 실제적 경험들을 주르륵 늘어놓는다.

"홍콩 호텔은 사람들이 침사추이와 홍콩 섬의 센트럴 역으로 많이 잡는데 난 침사추이의 한 노보텔에 투숙했어. 노보텔에 투숙하면서 프라이빗하게 즐길 수 있는 공간은 아마 라운지가 아닐까 싶어. 노보텔 라운지는 노보텔 브랜드답게 아주 깔끔하고, 모던하면서 세련된 분위기였거든."

홍콩은커녕 일본도 가보지 못한 상대는 할 말을 잊은 채 그저 억지웃음으로 애꿎은 고개만 주억거린다.

언뜻 보기에, M은 이기는 대화를 하고 상대는 지는 대화를 한 것처럼 보인다. 물리적 힘만 적용한다면 그렇게 보이겠지만 실상은 그렇지 않다.

인간은 물리적 존재일 뿐 아니라 정신적 존재이기 때문이다.

M은 힘으로 상대를 눌렀지만 상대의 영혼에 열등감을 심어주었다. M은 우월감을 느꼈을지 몰라도 상대에게 상처를 입혔으므로 앞에서 이야기했던 이기는 대화의 개념을 충족하지 못한다. 그래서 M은 능수능란한 언변에도 불구하고 이기는 대화에 실패하고 말았다.

이런 식으로 대화하는 M에게 누구도 존경을 보내지 않을 것이기 때문이다. 만약 누군가 이기는 대화를 한다면 그는 상대로부터 존경을 받게 될 것이다. 이것이 진짜 이기는 대화가 갖는 힘이다.

먼저 대화의 핵심인 '말'에 대해 알아야 한다

그렇다면 우리는 어떻게 이기는 대화에 접근할 수 있을까? 이를 위해 먼저 대화의 구성요소를 이해하는 것이 필요하다.

나는 대화의 구성요소가 다음과 같이 이루어진다고 생각한다.

대화 = 나의 마음 + 나의 말 + 상대의 마음 + 상대의 말

즉 대화는 말과 말로 이루어지지만 말 자체의 근원이 마음이기에 마음이 추가된다.

인간은 왜 대화를 하게 될까?

외로움을 달래려고…….

위안을 얻으려고…….

단지 의사소통을 위해…….

아마도 사람마다 다른 대답이 나올 것 같다. 중요한 것은 대화를 할 때 말이 오가며 이때 각자의 마음도 움직인다는 사실이다. 따라서 대화에서 핵심적인 것은 '말'이다. 이 말의 본질을 아는 것은 대화의 구성요소를 이해하는 첫걸음이 된다.

먼저, 말의 본질에 접근하기 위해서는 말에도 에너지가 있음을 이해해야 한다. 말이 가진 에너지에 대해서는 〈돈을 버는 습관〉이란 책에 아주 잘 나와 있다.

〈돈을 버는 습관〉 신비스런 말의 비밀 중에서

말은 생각처럼 너무 쉽게 할 수 있고 또 흔히 하는 일이기에 그 중요성에 대하여 사소하게 지나치기 쉽다. 그러나 말을 조금만 관찰해 보면 참 신비스럽기 그지없다. 이 세상 생물 중 말을 하는 생물은 인간이 유일하기도 하려니와 어떻게 이처럼 다양한 표현이 있을까 하는 점도 더욱 신비롭다.

말이 가진 신비로움을 직접 실험으로 측정해 본 연구가도 있다. 〈물은 답을 알고 있다〉라는 베스트셀러 저자인 일본의 에모토 마사루는 말에 따른 물의 결정 변화 실험에서 놀라운 결과를 얻었다.

놀랍게도 사랑, 감사, 천사와 같은 긍정적 말 앞에서 물은 아름다운 모양의 결정 구조를 만든 반면 악마, 짜증 나 등과 같은 부정적 말 아래에서는 괴팍한 모양의 결정 구조를 만들어냈다.

〈물은 답을 알고 있다〉라는 책을 보면 이 외에도 여러 가지 종류의 말에 대해 물이 만드는 결정 모양의 사진이 나와 있다.

대부분 긍정적 말에는 아름답고 예쁜 결정 모양을, 부정적 말에는 괴팍하고 이상한 결정 모양을 만드는 것으로 나온다.

마사루의 실험은 무엇을 의미할까?

말에도 무형의 에너지가 있으며 물에도 이를 감지하는 무형의 에너지가 있음을 뜻한다. 여기서 말하는 무형의 에너지란 단지 우리가 알고 있는 에너지가 아니다. 뜻을 담은 에너지다. 동양에서는 이를 기(氣)라 하기도 한다.

나는 에너지에 대하여 깊이 공부하고 또 공부한 결과 에너지에는 무형 에너지와 유형 에너지가 있다고 생각한다.

유형 에너지란 우리가 알고 있는 빛에너지, 열에너지, 전기에너지 등 보통의 물질 에너지다.

이에 반해 무형 에너지는 물질적으로는 감지되지 않지만 존재하는 에너지로 뜻을 담은 에너지다. 예를 들어 지식이나 감정 등이 이에 해당한다.

이러한 무형의 에너지는 비물질 에너지로서 물질 에너지를 훨씬 능가하는 힘을 갖고 있다. 이는 간단한 것으로 증명해낼 수 있다.

물질 에너지를 갖고 있는 돌이 있다고 치자. 돌은 스스로는 절대 움직일 수 없다. 하지만 비물질 에너지인 내 생각이 작동하면 내 손을 들어 돌을 간단히 움직일 수 있다. 이뿐만 아니다. 현재 지구상에 존재하는 가장 강력한 물질 에너지인 핵폭탄도 비물질 에너지인 인간의 지식으로 만들어졌다.

비물질 에너지의 종류에는 지식, 감정, 의지, 생각, 말, 느낌 등 인간의 정신과 관련된 것에 주로 존재하며 지구를 포함한 우주의 생명체에도 존재한다. 여기서 생명체란 단지 생물만을 뜻하지 않으며 물, 공기, 돌, 흙과 같은 자연의 생명력을 가진 것도 포함된다.

아직까지도 비물질 에너지인 무형 에너지의 실체에 대해 의심이 든다면 이를 증명해낸 과학적 실험이 있으니 참고하기 바란다.

최초로 에이즈 바이러스를 발견한 프랑스의 의사, 뤼크 몽타니에는 다음과 같은 실험을 하였다.

에이즈 바이러스에 감염된 세포가 담긴 물에 구리선을 넣고 구리선에 지구 자기장 주파수인 7.83Hz의 전자기파를 흘려주었다. 그랬더니 놀랍게도 에이즈 바이러스에 감염된 세포가 정상세포로 돌아왔다.

몽타니에는 계속하여 물에서 세포를 꺼낸 후 물 외에는 아무것도 없는 상태를 만들었다. 그리고 여기에 다시 지구 자기장 주파수인 7.83Hz의 전자기파를 흘려주었더니 이번에는 경악할 만한 일이 일어난다.

아무것도 없던 물에서 새로운 세포 하나가 창조된 것이다. 도대체 어떻게 이런 일이 일어날 수 있을까?

그것은 물에 뜻과 반응하는 무형의 에너지가 있음을 증명한다. 즉 물은 이전에 있었던 세포를 기억하고 있다가 그때와 똑같은 7.83Hz의 전자기파가 흐르자 그 세포를 기억해 내고는 무형 에너지의 힘으로 이전의 세포를 창조해낸 것이다.

기억해야 할 것은 무형 에너지는 새로운 생명을 창조해낼 정도로 강력한 힘을 가진다는 사실이다.

이제 다시 말의 신비로 돌아와 보자.

말에도 강력한 무형 에너지가 담겨 있다. 그것도 가장 강력한 무형 에너지가…….

그 이유는 간단하다.

말이란 인간의 또 다른 무형 에너지인 지식, 감정, 의지, 생각 등이 마음속에서 융합한 후 총체적으로 터져 나오는 최고의 무형 에너지이기 때문이다.

이처럼 강력한 무형 에너지를 담고 있는 말이 상대에게 전달될 때 어떤 일이 일어날까?

'말'은 상대를 그대로 '강타'하게 된다. 내가 '강타'라는 강한 표현을 쓴 이유는 이것이 앞에서 이야기했던 몽타니에의 실험과 마사루의 실험 그리고 양파 실험처럼 작동하기 때문이다. 즉 인간의 몸은 70%가 물로 이루어져 있으며 이 물이 말에 반응하는 것이다.

내가 상대에게 좋은 말을 한다면 좋은 무형 에너지가 전달되어 상대도 좋은 영향을 받을 것이다. 반대로 내가 상대에게 나쁜 말을 한다면 나쁜 무형 에너지가 전달되어 상대는 나쁜 영향을 받을 것이다. 말의 힘은 이와 같이 과학적 원리로 작동된다.

말의 무형 에너지가 갖는 힘을 느낄 수 있겠는가.

말에는 단지 비물질 에너지만 있는 것도 아니다. 말로써 유리잔을 깰 수 있는지 실험한 적이 있는데 가수 김종서가 가성으로 유리잔을 깨는 장면이 TV로 방영되기도 했었다. 이처럼 말은 파동과 진동으로 이루어진 물리적 에너지도 포함하고 있다.

그리고 말은 물질적, 비물질적 에너지를 지니고 있기에 상대와 나누는 대화 속에서는 강력한 힘을 발휘한다. 그것은 말 에너지가 가지는 반사법칙으로 설명할 수 있다. 이에 대해서도 〈돈을 버는 습관〉에 자세히 설명돼 있다.

〈돈을 버는 습관〉 말 에너지의 반사 법칙 중에서

말이 가진 무형 에너지의 신비는 여기에서 끝나지 않는다. 빛에너지의 과학에서 '반사 법칙'이라는 게 있다. 빛에너지가 유리창 같은 것에 부딪칠 때 반사되어 되돌아오는 것이다.

말이 가진 무형 에너지도 이런 과학적 법칙을 따른다. 즉 내가 상대에게 말을 하면 말이 가진 무형 에너지는 상대에게 간 후 다시 반사되어 나에게로 되돌아오는 것이다. 이것은 마치 산에서 "야호" 하고 함성을 지를 때 이게 메아리를 치면서 다시 나에게 돌아오는 것과 비슷하다.

더 놀라운 것은 이때 되돌아오는 무형 에너지는 처음 내가 상대에게 보낸 무형 에너지가 배가되어 온다는 사실이다. 그 이유는 처음 내가 보낸 무형 에너지에 상대가 받은 무형 에너지가 더해지기 때문이다. 이런 이유로 내가 내뱉은 말은 두 배의 힘이 되어 다시 나에게로 되돌아오는 성질이 있다.

이런 지식을 기준으로 내가 상대에게 어떤 말을 한다고 가정해 보자.

상대에게 좋은 말을 하면 나는 두 배의 좋은 힘을 얻을 것이다. 상대에게 나쁜 말을 한다면 두 배의 나쁜 에너지를 되돌려 받을 것이다.

당신은 어떤 상대에게 어떤 말을 하고 싶겠는가. 더욱이 이런 사실이 단지 주장이 아닌 과학적으로 증명된 것이니 우리는 말을 더욱 조심할 수밖에 없을 것이다.

말은 내 영혼의 에너지다

말에 대해 좀 더 접근해 보자.
허경영 씨의 진리강의 중에는 다음과 같은 이색적 내용이 등장한다.

"머리카락의 어머니는 피부,
피부의 어머니는 살,
살의 어머니는 뼈,
뼈의 어머니는 피,
피의 어머니는 마음,
마음의 어머니는 정신,
정신의 어머니는 영혼,
영혼의 어머니는 빛
빛의 어머니는 소리이다."

논리적으로 머리카락부터 정신까지는 공감되는 이야기다. 하지만 빛과 소리부터는 종교적 느낌이 강하게 들어간다. 성경 창세기에서 소리가 빛을 만들고 인간영혼을 창조하는 부분이 나오기 때문이다.

그럼에도 불구하고 최초의 영혼 창조가 앞에서도 이야기했던 비물질 에너지로부터 나왔을 가능성이 높다고 생각한다. 앞의 몽타니에 실험에서도 증명되었지 않은가.

어쨌든 우주의 생명 중 오직 인간만이 말을 할 수 있다는 점에서 말이 가진 속성은 예사롭지 않다. 실제 내가 하는 말 속에는 내 마음, 정신, 영혼이 묻어나온다. 내 영혼도 담고 있는 것이 곧 내가 하는 말이 되는 셈이다.

이처럼 중요한 말을 함부로 해서는 안 된다. 만약 내 입으로 욕설을 한다면 그것은 내 영혼이 욕설하는 것과 같다.

따라서 내 말을 바르게 하려면, 가급적 좋은 뜻을 담은 말을 하려고 노력해야 한다. 말의 본질이 바로 여기 있기 때문이다.

내가 좋은 말을 할 때 내 영혼의 질량도 좋아질 것이요, 그때 나도 사람들 앞에서 인정받게 될 것이다.

성경 창세기에 하나님이 말로써 인간을 창조하는 장면이 나온다. 이를 단순히 신화에 치부할 수도 있겠지만 모든 경전에 예사롭지 않은 지식이 담겨 있음을 감안할 때 이는 말에도 창조의 에너지가 담겨 있음을 상징하는 장면이라 볼 수도 있다.

이처럼 엄청난 에너지를 함유한 말을 전 우주의 생명 중 인간만이 하고 있다는 사실은 쉽게 지나칠 수 없다.

말은 창조적 힘을 가질 정도로 최고의 파워를 갖는 에너지이다.

그래서 선한 말 한마디에 사람을 살리기도 하고 악한 말 한마디에 사람을 죽이기도 하는 것이다.

실제 말이 가진 폭력성을 연구한 조사결과에 의하면 물리적 폭행으로 상처(성폭행 등)를 받은 사람의 뇌와, 말과 같은 것에 의해 정신적 상처(언어폭행)를 받은 사람의 뇌 사진이 같은 것으로 나왔다.

이는 말이 가진 힘(폭력적)이 얼마나 섬뜩한지 알려준다.

물리적 폭행은 자주 일어나는 사건이 아니지만 말의 폭행은 오늘도 도처에서 일어나고 있기에 정말 말조심을 해야 할 것 같다.

선택은 나에게 달렸다. 선한 말을 할 것인지? 악한 말을 할 것인지?

대화의 본질은

말에는 이미 마음이 포함돼 있다. 마음의 표현이 말이기 때문이다. 그렇다면 나의 마음과 말, 상대의 마음과 말로 구성된 대화의 본질은 무엇일까? 이 역시 〈돈을 버는 습관〉의 말 파트에 잘 나타나 있다.

〈돈을 버는 습관〉 그렇다면 말의 존재 목적은

말이 가진 본질의 뜻은 무엇일까? 이에 접근하기 위해 먼저 실존주의 철학자 샤르트르의 공식을 살펴보도록 하자.

존재 = 본질 + 실존

여기서 존재란 존재하는 목적을 포함한 사물의 존재를 뜻한다. 본질이란 그 사물이 존재하는 본질적 이유를 뜻하며 실존이란 사물의 실재 존재 그 자체만을 뜻한다. 이를 풀이해 보면 다음과 같다.

'사물이 존재하는 이유(존재)는 그 사물이 존재하기 위한 본질적 이유가 있기 때문이며 그래서 그 사물에 세상에 실존하게 되었다.'

컵의 존재를 위 공식에 대입하면, 세상에 컵이 존재하는 목적은 물이나 액체를 담기 위한 목적(본질)으로 컵(실존)이란 사물이 탄생하게 되었다 할 수 있다. 이를 기준으로 말의 존재 이유를 샤르트르의 공식에 대입해 살펴보자.

말이 존재하는 이유는 의사소통이 가장 큰 목적이었을 것이다. 서로 의사를 교환하기 위해 최초의 말이 탄생했을 것이고 이것이 글로까지 발전했을 것이다. 그렇다면 말은 단지 의사소통을 위해서만 존재할까?

이상한 것은 세상에 존재하는 모든 것은 자연의 법칙에 순응했을 때 가장 빛나고 역행했을 때 그 존재가치를 잃어버린 채 타락한다. 이 자연의 법칙에 순응하는 것이 이 세상에 존재하는 모든 것의 본질적 목적이다. 예를 들어 컵은 물을 담을 때 그 가치가 가장 빛나지만 연필꽂이로 전락하는 순간 그 가치가 퇴색되고 만다.

마찬가지로 말 역시 상대를 이롭게 하는 좋은 말을 사용했을 때 그 존재가치가 빛나지만 상대를 비하하거나 상처 주는 말을 했을 때 그 가치는 나락으로 떨어지고 만다.

말의 존재 목적이 단지 의사소통이라고 했을 때는 좋은 말, 나쁜 말이 모두 포함되므로 이는 자연의 법칙에 순응하는 말의 존재 목적이 될 수 없다.

말의 진정한 존재 목적은 바로 세상을 이롭게 하기 위해 좋은 말로 사용되는 것에 있다. 그때 말이 가장 빛나기 때문이다, 그런데 이 목적이 어느 순간부터 인간의 본능과 욕망으로 인해 퇴색하면서 물 밑으로 숨어버린 것이다.

말의 존재 목적이 세상을 이롭게 하기 위해 좋은 말로 사용되는 것이란 증거는 얼마든지 찾을 수 있다. 이런 목적으로 말을 사용하는 사람들이 대부분 성공의 자리에 가 있으며 좋은 위치에 가 있기 때문이다.

권모술수와 편법에 능한 자들이 성공의 위치에 간다는 말은 속임수다. 일시적 눈속임을 위해 그런 일이 일어나는 것처럼 보일 뿐이다. 그렇게 성공의 자리에 올라간 사람들은 얼마 지나지 않아 패가망신으로 그 자리에서 내려와야 하기 때문이다. 우리는 이런 현상들을 오늘 뉴스에서도 무수히 보고 있지 않은가.

이제 말의 존재 목적이 분명해졌다면 이를 샤르트르의 공식에 대입하여 다음과 같은 결론을 얻을 수 있다.

'말은 세상을 이롭게 하기 위한 좋은 말로 사용되기 위해 실존하고 있다.'

위 내용에서 말 대신 대화를 집어넣으면 대화의 본질이 무엇인지 알 수 있다. 즉 대화의 본질은 다음과 같이 정의될 수 있다.

'대화는 서로를 이롭게 하기 위한 좋은 대화로 사용되기 위해 실존하고 있다.'

따라서 이 대화의 본질에 맞는 대화를 하는 것이 곧 이기는 대화라 정의할 수 있다.

Think episode

〈핵심 문장 정리〉

❶ 이기는 대화란 상대를 힘으로 눌러 이기는 것이 아니라 대화를 통해 서로를 윈윈으로 이끄는 대화다.

❷ 지는 대화란 서로 또는 어느 한쪽에게 상처를 남기는 대화다.

❸ 누군가 이기는 대화를 한다면 그는 상대로부터 존경을 받게 될 것이다.

❹ 말은 내 영혼의 에너지다.

❺ 대화는 서로를 이롭게 하기 위한 좋은 대화로 사용되기 위해 실존하고 있다.

chapter 02

지피지기 대화불태

(知彼知己 對話不殆)

지피지기 대화불태(知彼知己 對話不殆)

아마도 여러분은 '지피지기(知彼知己) 백전백승(百戰百勝)'이란 사자성어를 알고 있을 것이다. 그런데 어느 곳에는 '지피지기 백전불패'라 쓰이기도 한다. 이 둘의 뜻은 전자가 '남을 알고 나를 알면 백 번 싸워 다 이긴다.'이고 후자도 '남을 알고 나를 (알면) 백 번 싸워도 지지 않는다.'이니 다르지 않다.

그런데 이 사자성어의 출처가 〈손자병법〉의 모공 편이란 사실까지 아는 이는 많지 않다. 이상한 것은 〈손자병법〉의 모공 편을 아무리 뒤져봐도 위의 사자성어가 나오지 않는다는 사실이다. 대신, 위와 비슷하기는 하지만 조금 다른 뜻의 사자성어가 등장한다.

'지피지기 백전불태(知彼知己 百戰不殆)'

끝자리 한 자가 다른데 '태殆' 자는 위태롭다는 뜻이다. 이를 풀이하면 '적을 알고 나를 알면 위태롭지 않다.'는 뜻이 된다. 뭔가 좀 의미가 약해진다는 느낌을 지울 수 없다.

이 현상을 보며 드는 생각은 대략 이렇다.

사람들은 싸워서 이기고 싶어 한다. 세상에 지는 것을 좋아하는 사람은 없다. 여기에 사람들의 생각이 집중되다 보니 '지피지기 백전불태'가 어느 날 '지피지기 백전백승'으로 둔갑한 것이다. 그런데 원전을 너무 벗어났다 싶어 수정할 방법을 찾는다. 하지만 기본적 욕망을 버릴 수 없어 원전과 비슷하게 맞추는 방법을 생각하다 탄생한 것이 '지피지기 백전불패'가 아닐까 싶다. 패와 태가 거의 비슷해 보이지 않는가.

'지피지기 백전불태'에 대해 장황히 쓴 것은 나름 이유가 있기 때문이다.

사람들은 〈손자병법〉이라 하면 상대를 이기는 비법을 적어놓은 책이라 여기지만 실상 〈손자병법〉의 핵심은 다른 데 있다. 상대를 이긴다는 개념은 나는 살고 상대를 죽인다는 뜻이 된다. 이렇게 되면 나는 상대 입장에서 원수가 된다. 이것은 진정 내가 이기는 방법이 못된다. 〈손자병법〉은 이런 유치한 내용을 적어놓은 책이 아니다. 그 본질은 인간의 회복에 있다. 즉 인간은 누구나 살면서 위태로운 상황을 만나게 되는데 이 위태로움에서 벗어나는 비법을 적어놓은 책이 바로 손자병법인 것이다.

그런 면에서 '지피지기 백전불태'는 〈손자병법〉의 진수라 할 수 있다. 내가 위태로움에서 벗어나는 방법은 상대를 알고 나를 알아야 한다는 것이다. 이 논리에 대해 아무도 이의를 달 사람은 없을 것이다. 그만큼 논리적이고 진리에 가까운 접근이기 때문이다.

더불어 이 격언을 이기는 대화에도 적용할 수 있다 생각한다. 즉 이기는 대화를 위한 최고의 지략은 '지피지기 대화불태(知彼知己 對話 不殆)'이다.

상대를 알고 나를 안다면 나는 대화에서 위태로움에 빠지지 않는다. 곧 나도 이기는 대화의 주인공이 될 수 있다.

이기는 대화를 하려면 먼저 나를 알아야 한다

〈손자병법〉에서는 '지피'를 앞에 두었지만 나는 '지기'가 우선이어야 한다고 생각한다. 남을 알기는 무척 어려우나 나를 알기는 그나마 쉽기 때문이다. 쉬운 것을 먼저 해야 포기하지 않을 수 있다.

여러분은 자신에 대해 얼마나 알고 있다고 생각하는가? 사실 자신에 대해서는 자신이 가장 잘 알고 있다고 생각하지만, 의외의 상황에서 낯선 자신의 모습을 보고 당황할 때가 많다. 아니 어쩌면 자신의 모습을 보지 못하고 타인이 만들어놓은 환경에 의해 살아가는 것이 현대인의 모습이 아닐까 여겨지기도 한다.

내가 자신을 얼마나 알고 있는지 알아보기 위해 다음 세 가지 질문에 스스로 답해 보자.

1. 나는 정말 내가 무엇을 좋아하는지 알고 있는가?
2. 나는 정말 내가 무엇이 잘못되었는지 알고 있는가?
3. 나는 정말 내가 왜 사는지 알고 있는가?

만약 이 세 가지 질문에 답하는 것이 벅차다면 당신은 아직 자신을 잘 모르고 있는 상태일 가능성이 높다.

1번 질문에 대한 답은 가지고 있지만 2, 3번 질문의 답은 모르겠다고 하면 조금 나은 편이 된다. 하지만 이 사람 역시 자신에 대해 아직 잘 모르고 있는 상태라 할 수 있다.

만약 1, 2번 질문의 답을 정확히 할 수 있다면 어느 정도 자신에 대해 아는 사람에 가까울 수 있다. 물론 1, 2, 3번의 질문에 모두 답할 수 있다면 거의 나를 아는 수준에 이르렀다 할 수 있겠고…….

지금까지의 인간관계 경험으로 볼 때 나는 자기 자신을 제대로 아는 사람을 만난 적이 없다. 나 역시 나 자신을 몰랐다. 그저 겉으로는 안 그런 척 노력하지만 내면은 내성적 성격의 소유자라는 사실, 소심하고 두려움이 많다는 사실, 자신감이 부족하고 소극적 태도로 일관한다는 사실, 열등감이 많다는 사실…… 등 약점으로 느껴지는 몇 가지만 인지하고 있을 뿐이었다.

그러다 가끔 생각지도 않은 상황에서 분노가 일어날 때 내 안에 이런 모습이 있었든가 하며 놀라기도 했다.

나는 불혹(不惑)에 이르면서 비로소 내가 무엇을 좋아하는지 깨달았다. 그리하여 책 만드는 일에서 글 쓰는 일로 인생을 바꿀 수 있었다. 시간이 무르익으며 나는 꿈도 익어간다는 사실을 깨달을 수 있었다. 처음엔 그저 막연히 책을 쓰고 싶었으나 이제는 인생의 진리가 담긴 책을 쓰고 싶다. 따라서 진리에 대한 공부를 해야 한다. 자연히 내 관심사가 옮아가면서 이러한 공부에 많은 시간을 투자하기도 했었다.

그럼에도 불구하고 내 인생의 문제는 해결되지 않았다.

인간관계는 여전히 서투르고 똑같은 문제로 다툼은 반복적으로 일어나고 있었다. 그때 내가 깨달은 것이 두 번째 질문, '나는 정말 내가 무엇이 잘못되었는지' 거의 모르고 있다는 사실이었다.

어렴풋이 인지하고 있던 것은 표면상의 이유에 불과했다. 나는 내 내면의 잘못을 보지 못하고 있었던 것이다. 그러니 상황마다 그 잘못들이 반복적으로 튀어나오고, 이것이 갈등유발의 원인이 되곤 했다. 부끄럽지만 이렇게 오랜 공부 끝에 내 안에서 찾은 나의 잘못을 공개하려 한다. 어쩌면 많은 사람들도 이 모순의 감옥에 갇혀 있을 가능성이 높기 때문이다.

불화미고잘!

이것이 내가 찾아낸 내 내면의 잘못들이다.

불화미고잘은 각 단어의 첫 자를 조합한 말로 불평불만, 화내는 것, 미워하는 것, 고집부리는 것, 잘난 체하는 것 등이다.

이것을 발견했을 때 나는 나 자신이 얼마나 모순투성이인지 비로소 알 수 있었다.

물론 발견만으로 이 모순의 문제가 해결되지 않는다. 이 문제들을 수정하기 위한 교정의 노력을 지속해야만 한다. 하지만 발견한 것만으로도 큰 의미가 있다. 비로소 나의 모순을 알게 되었기 때문이다. 알았다는 것은 이제 수정할 수 있음을 뜻하므로 드디어 희망이 보임을 뜻한다.

세 번째 질문에 대한 답이 나를 아는 것과 무슨 상관이 있을까 하고 생각할 수 있지만 사실 이 질문은 근원을 파고드는 문제로 중요하다.

컵이 하나 있다고 할 때 컵 자신이 누구인지 아는 것은 중요하다.

만약 컵에 연필이 담겨 있다면 컵은 자신이 연필꽂이인 줄 착각할 수 있으니 말이다.

컵은 물을 담기 위해 존재한다. 이것을 깨달을 때 컵은 비로소 자기 자신을 제대로 알았다 할 수 있다.

자기 자신을 제대로 알기 위해서는 반드시 나의 존재이유를 발견해야 한다. 잘못하면 위의 컵처럼 엉뚱한 자기로 살아갈 수밖에 없기 때문이다.

나는 나의 존재이유를 발견하기 위해 오랫동안 공부해왔다. 내가 깨달은 바를 소개하면 그것은 진리공부 외에 다른 곳에서는 답을 찾을 수 없다고 생각한다. 여기서 진리공부란 단지 세상에 존재하는 학문의 영역을 넘어 자연의 이치, 인생의 근본원리 등을 다루는 지식이다. 이론적 학문으로만 존재하는 것이 아니라 이론을 바탕으로 한 경험에서 발견할 수 있는 정보이기도 하다. 좀 더 쉽게 진리공부를 이야기하자면 진리공부란 다음과 같은 연필 한 자루를 보는 것과 같다.

즉 누구는 연필심을 보고, 누구는 연필 몸통을, 누구는 연필 지우개를 보겠지만 진리공부란 이 모든 것을 다 보고 심지어 보이지 않는 연필 반대편 부분까지 살피어 연필을 분별하고 판단하는 공부라 생각하면 쉽다. 이렇게 세상에 나와 있는 것을 두루 접하다 보면 드디어 세상이 보이고 그때 나도 보인다. 그리고 내가 왜 살아야 하는지도 보이기 시작한다.

나를 알기 위해 덧붙이고 싶은 것은 '성격'에 관한 것이다.

여러분은 마음의 뿌리가 어디에 있다고 생각하는가? 마음은 누구나 공통적으로 가지고 있는 것이지만 사람마다 마음의 상태는 다 다르다. 누구는 즐겁지만 누구는 우울하다. 이 같은 차이는 마음을 키우는 뿌리가 다르기 때문이라고 판단할 수 있다.

나는 이 마음의 뿌리가 곧 성격이라고 생각한다.

누구나 마음이라는 바탕은 똑같이 지니고 있지만, 그 뿌리가 되는 성격에 따라 마음의 바탕에 그리는 그림은 완전히 달라질 수 있다.

나는 지나치게 내성적인 성격을 타고 났다. 그래서 누구보다 마음에 어려움을 많이 겪었다. 그런 점에서 내 마음에 많이 미안하다. 앞으로는 좀 더 밝은 성격으로 바꿔 내 마음을 지금보다 맑고 밝게 만들어주고 싶다. 그래서 그동안 고생한 내 마음에게 조금이라도 보답하고 싶다.

또 나를 잘 아는 방법으로 자신의 성격을 살펴보는 일을 들 수 있다. 성격이란 무의식적으로 발현되기에 성격 속에 '나'가 숨어 있다는 사실을 지나치는 경우가 많다. 하지만 사람들을 잘 살펴보면 결국 성격이 그 사람의 인생을 지배하고 있음을 보게 된다. 오죽하면 서양 속담에 '성격은 운명이다.'라는 말이 있을 정도. 따라서 자신의 성격을 잘 파악하여 지혜롭게 대처하는 것도 자신을 아는 가장 좋은 방법이 될 수 있다.

다음에 성격의 중요성에 대해 강조한 글을 소개한다. 〈돈을 버는 습관〉 '성격이 운명이다'라는 파트에 나오는 내용이다.

토머스 하디의 세계 명작소설 〈아내를 위하여〉에는 서로 반대되는 두 성격의 여자와 우유부단한 성격의 남자가 주인공으로 나온다.

에밀리는 정이 넘치고 배려심 깊은 따뜻한 성격인 반면 친구 조안나는 허영심과 시기, 질투, 자존심이 매우 강한 성격이다.

이 에밀리와 조안나 앞에 훤칠한 외모의 셀드릭이 나타난다.

셀드릭은 에밀리에게 반하고 곧 결혼을 약속하는 사이가 된다. 하지만 이에 질투를 느낀 조안나의 음모로 상황은 역전된다. 조안나와 셀드릭이 결혼하는 사태(?)가 벌어진 것.

조안나는 셀드릭을 사랑하지 않으면서도 오직 시기와 질투심에 결혼한 것이었기에 결코 행복한 미래를 보장할 수 없었다.

셀드릭은 우유부단한 성격으로 좀체 날개를 펴지 못한 채 점점 추락했다.

조안나는 기울어진 가정을 지탱하기 위해 조그마한 가게를 꾸려 간다. 그 사이 조안나의 가게 앞 저택에 친구 에밀리가 이사를 온다.

에밀리가 부자 상인과 결혼하여 귀부인이 되어 돌아온 것이다. 조안나의 시기와 질투심은 극에 달하고……. 결국 에밀리를 이기는 방법은 돈을 버는 수밖에 없다. 이에 조안나는 빚을 내 남편과 두 아들을 바다로 내몬다. 하지만 끝내 남편과 두 아들은 바다에서 돌아오지 못하고……. 조안나마저 비극적 삶을 맞이한다.

나는 〈아내를 위하여〉를 읽으며 한 사람의 인생에 성격이 얼마나 커다란 영향을 미치는지 절감했다.

사람들은 조안나가 악녀이기에 저런 비참한 결과를 당하는 것이 싸다고 생각하겠지만 내 눈에는 조안나야말로 이 소설에서 가장 불쌍한 인물로 보였다.

조안나인들 이런 비극적 삶을 살고 싶었겠는가. 하지만 그녀의 성격이 그녀 삶을 수렁으로 몰아가는 데 조안나도 어쩔 수 없었던 것이다.

실제 주변 사람들을 볼 때 어렵게 사는 경우 대부분 성격에 욕심이 많거나 모가 나 있음을 본다.

완벽주의 성격은 그 완벽주의 때문에 어려운 삶을 산다.

우유부단한 성격은 그 우유부단 때문에 어려운 삶을 산다. 꿍하는 성격은 꿍 때문에, 급한 성격은 급함 때문에, 느린 성격은 느림 때문에, 강한 성격은 강함 때문에, 약한 성격은 약함 때문에 어려운 삶을 산다. 이처럼 성격이 그 사람의 삶을 지배하는 것이다. 그래서 성격은 운명이다.

이기는 대화를 하려면 다음으로 상대를 알아야 한다

인간의 마음은 근본적으로 이기적 속성을 가지기에 상대를 안다는 것은 쉽지 않은 일로 다가온다. 그럼에도 불구하고 우리는 이기는 대화를 위하여 '상대를 아는 것'에 도전해야 한다. 인간관계는 상대성 원리로 일어나기에 내 이기심만으로 달려들었다가는 낭패를 보기 마련이다.

K 씨 부부는 결혼생활 30년 이상을 이어온 사이다. 하지만 오늘 아침에도 한바탕 전쟁이 터진다.

K 씨는 성격이 느긋한 편이고 아내는 급하다. 오늘 일본 여행을 가기로 돼 있는데 K씨가 또 뭉그적거린 것이다.

아내는 이미 여행 가방을 들고 문 밖에 나서는데 K 씨는 화장실로

향한다. 전립선비대증이 있어 항상 소변이 신경 쓰이기 때문이다. 아내는 그런 일을 수백 수천 번 당하면서도 오늘 여전히 짜증을 낸다.

"으이그 내가 못살아. 느려 터져가지고! 빨리 안 오고 뭐 해요!!"

아내의 목소리가 육십 넘은 여자답지 않게 쩌렁쩌렁하다. 하지만 K 씨는 자신의 처지를 이해 못 해주는 아내가 야속하기만 하다.

나는 부부 일심동체란 말을 잘 믿지 않는다. 만약 이 말이 맞는다면 주변에 그런 부부가 보여야 할 터인데 아직 본 적이 없다. 그렇지 않다 하더라도 나이가 지긋이 들어갈수록 부부 일심동체에 가까워지기라도 해야 할 텐데 앞의 K 씨 예처럼 이기심이 더 심해지니, 난감하다.

대개 오래 같이 산 부부라면 서로를 너무 잘 알게 마련이다. 그렇다면 지피지기 중 절반을 터득한 셈인데 왜 부부들은 오늘도 말다툼을 벌이고 있는 것일까? 더욱이 앞의 예처럼 30년 이상을 같이 산 부부조차, 말이다.

여기서 우리는 '상대를 아는 것'이 내 입장에서 그 사람을 아는 것과는 차이가 있다는 사실을 알아야 한다. 상대를 아는 것이란 상대 입장에서 그 사람을 아는 것이다.

예를 들어 K 씨는 아내의 성격이 급한 것을 알고 있다. 하지만 자신의 성격은 느긋하다. 그러니 아내의 성격이 급한 것은 알고 있지만, 아내의 행동은 이해되지 않는다. 마찬가지로 아내도 K 씨의 성격이 느긋하다는 것을 알고 있다. 하지만 남편의 행동은 이해되지 않는다. 이런 것들은 모두 내 입장으로 상대를 알고 있기에 일어나는 모순들이다.

만약 K 씨가 아내 입장에서 생각하는 능력이 있다면 어떻게 될까? 아내는 성격이 급하므로 비행기 시간보다 더 빨리 나가기를 원한다. 그러니 일찍 서두르는 것은 당연하다는 생각까지 나아갈 수 있게 될 것이다.

아내도 K 씨 입장에서 생각하는 능력이 있다면 전립선 비대증으로 소변이 두려우니 나가기 전 볼 일을 보는 것은 당연하다는 생각까지 나아갈 수 있게 될 것이다.

이처럼 상대를 안다는 것은 단지 상대의 정보를 안다는 개념을 넘어 상대 입장에서 생각하고 상대의 정보를 이해해 줄 수 있는 능력까지를 말한다.

사실 이기적 존재인 인간이 이런 능력을 갖는 것은 쉽지 않다. 하지만 신이 이런 인간의 약점을 극복하라고 준 것이 있으니 바로 '양심'이다. 이기심으로는 절대 상대의 정보를 이해할 수 없으나 양심으로는 가능하다.

한 예로 우리는 길을 가다 폐지 줍는 노인을 보면 측은함을 느낀다. 이기심 가득한 인간이 상대 입장에서 감정을 느끼는 감동적인 순간이다. 이런 일이 가능한 이유는 인간의 마음속에 숨어 있는 '양심'이 발동하기 때문이다.

양심을 최초로 이야기한 사람은 맹자로 한자 뜻은 단지 '어진 마음(어질 양 마음 심良心)'이다. 하지만 나는 내 중심으로 보는 이기심과 대비하여 나와 너 양쪽 다 볼 수 있는 마음이란 뜻으로 양심을 정의하고 싶다. 즉 양심이란 양쪽 다 볼 수 있는 마음인 것이다.

사이코패스나 소시오패스를 제외한다면 인간의 마음에는 누구나 양심이 있으므로 이것을 잘 개발시킨다면 이제 상대 입장에서 상대를 아는 지식에 접근할 수 있다.

이렇게 상대를 아는 구체적 방법에 대해서는 '상대를 아는 비결'에서 더 깊이 다루도록 하겠다.

상대를 아는 최고의 방법은 경청이다

우리는 상대를 알고자 할 때 먼저 상대의 정보를 캐기에 바쁘다. 처음 만난 사이라면 나이, 직업, 학력, 외모, 부모, 성격 등이 주 관심사다. 물론 이런 정보를 캐기 위해 심부름 업체에 의존하지 않는다면 직접 만나서 대화를 통해 정보를 알아낼 수밖에 없다.

그래서 상대를 만나면 이런 정보를 캐기 위해 은근슬쩍 캐묻는다. 그러면 상대는 하나씩 자신의 정보를 내놓는다. 그런데 과연 이런 방식으로 알아낸 상대에 대해 얼마나 알게 되는 걸까?

안타깝게도 이렇게 알아낸 상대의 정보는 그의 표면적 정보에 불과하다. 청춘남녀의 만남이 대개 이런 식으로 이루어진 채 결혼에 골인하게 된다. 하지만 이후의 결말은 해피엔딩보다 쌔드엔딩이 점점 많아지는 게 현실이다. 상대를 아는 방법이 잘못됐기에 일어나는 현상이다.

이런 방법으로 상대의 내면을 제대로 아는 것은 거의 어렵다. 그렇다면 어떻게 상대를 알 수 있단 말일까. 물론 상대를 가장 잘 알 수 있는 건 대화를 통해서다. 하지만 이때 상대를 제대로 잘 알고자 한다면 경청을 중심에 두고 대화를 진행해야 한다. 앞의 대화에서도 듣지 않았습니까 하고 물을 수 있겠지만 그때는 듣기만 했지 경청은 없었다.

그렇다면 경청(傾聽)이란 무엇일까? 글자 뜻만으로는 귀 기울여 집중하여 듣는다는 뜻이 되겠지만 여기에는 이보다 더 깊은 의미가 내포돼 있다. 경(傾) 자는 기울 경 자로 여기서 기울다는 뜻은 한쪽으로 쏠린다는 뜻으로도 해석될 수 있다. 즉 상대한테 완전히 쏠려서 듣는 게 경청이다. 또 경傾 자에는 '뒤집히다'는 뜻도 있다. 즉 내 중심이 아닌 상대 중심으로 뒤집어서 듣는 것이 또한 경청이다. 정리하면 경청이란 철저히 상대 입장에서 귀 기울여 듣는 것이라 할 수 있다.

이런 기준으로 보면 사실 경청을 실천한 사람은 거의 없다고 해도 무방할 것이다. 대부분 대화할 때 듣기는 하지만 자기중심적 시각으로 듣기 때문이다.

만약 진정으로 상대를 알고 싶다면 앞에서 말한 개념의 경청을 실천해 보자. 그냥 귀 기울여 듣던 것과는 차원이 다른 상대의 모습이 보이기 시작할 것이다.

상대 입장에서(과장하면 조금 빙의된 상태로) 상대의 말을 듣기에 그 순간 상대와 둘이 아닌 상태가 된다. 인간은 감각의 동물이기에 상대도 직감적으로 이를 느낀다. 그러니 한 꺼풀 더 속에 있는 이야기를 끄집어내기 시작한다. 이렇게 만남이 이어지면 상대는 점점 더 깊은 마음을 드러내 놓는다. 이런 원리로 비로소 상대를 알 수 있게 되는 것이다.

지 피 지 기   대 화 불 태 (知彼知己 對話不殆)
〈핵심 문장 정리〉

❶ 이기는 대화를 위한 최고의 지략은 '지피지기 대화불태(知彼知己 對話不殆)'이다.

❷ 나를 알기 위한 3가지 질문

　나는 정말 내가 무엇을 좋아하는지 알고 있는가?

　나는 정말 내가 무엇이 잘못되었는지 알고 있는가?

　나는 정말 내가 왜 사는지 알고 있는가?

❸ 상대를 아는 것이란 상대 입장에서 그 사람을 아는 것이다.

❹ 상대를 안다는 것은 단지 상대의 정보를 안다는 개념을 넘어 상대 입장에서 생각하고 상대의 정보를 이해해 줄 수 있는 능력까지를 말한다.

❺ 양심이란 양쪽 다 볼 수 있는 마음이다.

❻ 경청이란 철저히 상대 입장에서 귀 기울여 듣는 것이다.

chapter 03

이기는 대화의 시작
내 말격 높이기

말에도 격이 있다 — 말격

이기는 대화를 하기 위해 제일 먼저 중요한 사람은 어느 누구도 아닌 '나'이다. 따라서 이기는 대화를 하고 싶다면 먼저 나의 수준을 현재보다 높이는 작업을 진행해야 한다. 대화가 주제이므로 내 말의 수준을 높여야 한다.

대개 한 사람을 평가할 때 그 사람의 인격을 본다.
인격이 높은 사람을 볼 때 성품이 곧다 하고, 인격이 낮은 사람을 볼 때 성질이 더럽다고 말한다. 즉 인격을 이야기할 때 함께 등장하는 것이 성품, 성질 같은 것들이다.

이런 기준으로 인격을 인수분해해보면 성품, 성격, 성질로 나누어질 것이라 생각한다. 이에 대해 자세히 설명한 다음 내용을 참조해 보자.

〈돈을 버는 습관〉 성품, 성격, 성질 - 품격질 중에서

사람의 성격을 좀 더 나누어 보면 성품, 성격, 성질로 구분할 수 있다.

성품이란 성격의 가장 높은 단계이고 성격은 중간, 성질은 가장 낮은 단계이다. 그래서 성격이 나쁜 사람은 대개 가장 낮은 단계인 성질을 잘 부린다. 반면 성격이 좋은 사람은 가장 높은 단계인 성품이 올곧은 편이다.

만약 한 사람의 인격을 바라볼 때 성품이 떠오르면 그 사람은 높게 평가되고 그냥 성격만 떠오르면 중간, 성질이 떠오르면 그 사람은 낮게 평가된다.

성질은 육체적 본능에 따라 드러나므로 주로 폭발적 반응으로 상대에게 피해를 준다. 내면의 가장 바깥에 위치하므로 드러내기 쉬울 수 있다.

성격은 이성적 내면에 의해 드러나므로 상대에게 좋은 영향을 줄 수도 있고 나쁜 영향을 줄 수도 있다. 내면의 중간에 위치하므로 필요에 따라 드러낼 수도 감출 수도 있다.

성품은 이상적 본성에 따라 드러나므로 상대에게 선한 영향을 준다. 하지만 내면의 가장 깊은 곳에 있어 드러내기가 쉽지 않다.

이런 기준으로 볼 때 당신은 성품이 좋다는 이야기를 많이 듣는가? 아니면 성격이 강하다는 이야기를 많이 듣는가? 아니면 성질이 더럽다는 이야기를 많이 듣는가?

아마도 당신 주위의 사람들은 이런 기준으로 당신의 인격을 평가하고 있을 가능성이 매우 높다.

이러한 인격은 외모의 느낌만으로도 어느 정도 드러날 때가 있지만 요즘은 성형술, 화장술이 뛰어나 외모만으로는 깜빡 속을 수도 있으니 조심해야 한다. 하지만 인격을 속일 수 없는 부분이 있으니 바로 말이다. 말을 몇 마디 나눠보면 이미 그 사람의 인격이 어느 정도 판단된다. 그 사람의 내면에 담긴 것들이 외면으로 터져 나오는 것이 말이기 때문이다.

이기는 대화 이야기를 하다 갑자기 인격 이야기를 꺼낸 것은 이 둘이 깊은 연관을 맺고 있기 때문이다. 이기는 대화의 핵심은 내가 잘났다는 말을 하는 것이 아닌 상대를 존중해주는 말을 할 줄 아는 것에 있다. 이때 서로가 유익함을 가져올 수 있고 나의 격도 더 높아지기 때문이다. 이 때문에 인격이 높은 사람들은 이기는 대화를 할 수 있는 능력도 더 높아진다. 그래서 인격 이야기를 끄집어낸 것이다.

내 인격을 높이고자 한다면 내 말격부터 살펴봐야 한다. 인격이 있듯 말에도 격이 있는 법이고 이를 '말격'이라 이름 붙이고자 한다.

당신의 말격은 어떻다고 느끼는가? 품위 있는 말을 많이 하는가, 아니면 질 낮은 말을 많이 하는가? 혹 비어나 속어, 심지어는 욕설을 입에 달고 살지는 않는가?

내 입에서 나오는 말이 바로 내 인격을 대변하는 것이므로 내 말격을 살펴보는 일은 매우 중요하다.

고백하자면 나는 지금도 말격 때문에 씨름하고 있다. 경상도 사람이라 본질적으로 어감이 표준말처럼 부드럽지 못하고 투박하다. 하지만 경상도 억양으로도 얼마든지 품격 있게 말하는 사람들을 보면 이것은 약점이 되지 못한다.

말을 재미있게 하는 데는 다소 소질이 있지만 조리 있게 하는 데는 약하다. 그러다 보니 듣는 사람들이 내 말을 가볍게 여기고 신뢰하는 느낌이 낮다. 심지어 아내로부터는 뻥이 세다는 말까지 들을 정도다. 여기에 말감의 주제로 내 잘남을 표출할 때가 많다. 이는 말격에서 가장 치명적 약점으로 상대를 기분 나쁘게 할 뿐 아니라 스스로도 시험에 빠질 수 있다.

가장 큰 문제는 머릿속 가득한 지식들이 가장 필요할 때 적재적소에 말로써 승화되어 표출되지 않는다는 점이다. 그러니 애써 공부한 것들을 잘 써먹지 못한다. 이를 문제라 여기는 이유는 이 때문에 내가 이기는 대화를 하고 있지 못한 까닭이다. 예를 들면 모임에서 어떤 부인이 집안에 문제를 일으키는 시동생 이야기를 꺼냈을 때 내 머릿속은 그에 대한 답을 알고 있는데 입은 그저 과거의 말투로 넘겨 버리는 것이다. 이러니 나도 상대도 득이 되지 못하는 결과로 맺어지게 된다.

이런 내 말격의 여러 문제들 때문에 오늘도 말격을 높이기 위해 부단한 노력을 하고 있다. 다행히 최근 몇몇 상황에서 위 문제들이 해결되는 기미들이 보이고 있어 그나마 위안이 된다.

말의 질을 떨어뜨리는 단어, 말들

어느 밤 자정이 지난 무렵 갑자기 Q의 핸드폰 벨이 울렸다. 핸드폰 스피커에서 지인의 목소리가 흘러나왔다.

"여기 근처에 있으니 나와!"

형님으로 모시는 분이라 Q는 거절할 수 없어 주섬주섬 옷을 껴

입고 나갔다. 평소에 지나다니는 길인데도 그곳에 술집이 있는 줄 몰랐다.

삐걱 문을 열고 들어가니 서너 평 좁은 공간에 담배 연기가 자욱하다. 그 속에 이미 얼큰히 취한 형님의 모습이 비친다.

Q는 어색한 느낌으로 무리 속에 끼어 앉았다. 그곳에는 형님의 친구들 네댓 명이 섞여 있었고 오십은 족히 넘어 보이는 듯한 아주머니가 시중을 들고 있어 그녀가 주인임을 짐작할 수 있었다.

Q가 어색함을 풀 겨를도 없을 그때 형님의 목소리가 울려 퍼진다.

"아따 씨××× 한 놈이 있나. 그런 ××는 처 뒤져부러야지."

Q가 정신 차리고 보니 그곳에서 오가는 말의 절반은 욕설이 마구 섞여 있었다. 그중 형님의 욕설은 단연 톱이었다. 평소 형님에게서 들을 수 없는 말이었으므로 Q는 순간 형님의 이미지가 완전 달라짐을 느꼈다. 욕설에 익숙지 않았던 Q로서는 그 자리가 가시방석처럼 느껴져 빨리 일어나고 싶은 마음밖에 없었다.

이 이야기는 실제 경험담이다.

Q의 형님은 평소에는 욕설을 쓰지 않았으므로 Q가 얼마나 당황했을지는 그림이 그려진다.

나 역시 내성적 성격으로 자라 그런지 욕설에는 익숙하지 않다.

어떤 사람들은 친한 친구끼리라면 어느 정도 욕설을 섞어야 친한 맛이 난다는 이도 있다. 실제 사람들은 친함의 표시로 욕설을 적절히 섞기도 한다. 정말 친한 친구끼리 어릴 때부터 그렇게 써왔다면 어쩔 수 없겠지만 욕설은 아무리 들어도 듣는 상대의 기분이 언짢아지는 게 사실이다.

한때 개그맨 장동민이 욕하는 개그맨으로 이름을 날렸는데 장동민 자신은 그 비결이 기분 나쁘지 않은 욕을 하기 때문이라 했다. 나도 장동민의 개그를 좋아했었는데 그의 욕을 잘 분석해 보면 그 욕이 웃음을 주제로 한 것이었기에 상대의 기분 나쁨을 그나마 조금 상쇄할 수 있었다 여겨진다.

하지만 욕은 부정적 느낌을 강하게 일으키므로 공공방송에서 수명을 오래 연장할 수 없다. 과거에 욕하는 팟캐스트가 등장해 인기를 끌기도 했으나 이후 여러 부작용을 연출하지 않았는가.

그런 의미로 말의 격을 떨어뜨리는 첫 대상으로 욕설을 지목하지 않을 수 없다. 내가 특별한 상황에 처해 있는 게 아니라면 욕설은 절대 삼가야 한다.

욕설의 사전적 정의는 '남의 인격을 무시하는 모욕적이고 저주하는 말'이다.

즉 욕설에는 맹독과 살기가 담겨 있다.

앞에서 말의 반사법칙에서 이야기했듯 내가 뱉은 맹독과 살기는 반드시 반사되어 되돌아와 나를 친다는 사실을 명심해야 한다. 물론 상대에게도 살인적인 무기가 됨은 두말할 나위 없다.

무엇보다 내 말의 격을 떨어뜨리고 내 인격마저 무너뜨린다. 요즘 청소년 사이에 욕설이 일상어처럼 유행하고 있는데 이는 기성세대가 반드시 고쳐줘야 할 부분이다.

다음으로 말의 격을 떨어뜨리는 대상은 비어와 속어다.

비어란 천한 말이고 속어란 저속한 말이다. 비어가 문제되는 것은 비어(卑語)의 한자어에서 알 수 있듯 상대를 낮잡아卑 보며 하는 말이기 때문이다. 상대를 낮잡아 보며 말하면 나도 낮은 사람이 될 수밖에 없다.

속어(俗語)의 문제는 말의 품위가 너무 저속하여俗 격을 떨어뜨린다는 데 있다. 내 말이 격을 떨어뜨리므로 자연히 나의 인격도 낭떠러지로 떨어질 수밖에 없다.

다음은 우리가 자주 범하는 비어와 속어의 예들이니 혹 나도 대화 속에 이런 말을 쓰고 있다면 반드시 수정하도록 하자.

- 개나발 불지 마라.
- 개떡 같은 소리 하고 있네.
- 완전히 개털이야.

- 젠장맞을, 일이 이렇게 꼬이냐.
- 노가리 까고 있네.
- 완전 땡잡았어!
- 빼도 박도 못한다.
- 이런 쓸개 빠진 놈이 있나.
- 야코를 팍 죽여줘야겠어.
- 염병할 놈.
- 이런 오라질 놈을 봤나.
- 희쭈그리하고 다니냐.

이런 말들은 딱 들어도 천하고 저속한 느낌이 탁 들지 않는가. 이 중에서 개나발, 개떡, 염병할, 오라질 등은 거의 욕설에 가까우므로 웬만한 사람들은 가릴 수 있을 것 같다. 하지만 개털, 젠장맞을, 노가리 까다, 땡, 빼도 박도, 쓸개 빠진, 야코, 희쭈그리 등은 나도 모르게 말버릇으로 쓸 수 있는 말들이다.

하지만 개털은 시시하다는 뜻 외에 감옥에 갇힌 잡범이란 뜻도 있으니 조심해야 한다.

젠장맞을은 제기랄 난장(조선시대 형벌의 종류)맞을의 줄임말이다.

노가리에는 말이 많다는 뜻 외에 거짓말도 많다는 뜻이 포함돼 있다.

땡은 놀음판 용어이며 빼도 박도는 남자의 성기가 여자의 성기에 빼도 박도 못한다는 뜻에서 유래된 것이다.

쓸개 빠진은 상대를 비꼬는 말이니 좋지 않다.

야코는 서양인의 높은 코를 뜻하는 저속어다.

희쭈그리는 여성의 성기를 비하하여 나타내는 표현이므로 좋지 않다.

말의 격을 떨어뜨리지 않는 방법

평소 mbc 예능 프로그램인 〈무한도전〉의 '무한상사' 편을 즐겨봐 한때는 전체를 열 번 이상 반복해서 보기도 했다. 왠지 '무한상사' 멤버들의 캐릭터가 끌리고 그들이 하는 말 한 마디 한 마디가 그리 재미있을 수 없었다.

그러던 어느 날 무한상사에 배현진 아나운서가 출연해 '고운 말 캠페인'을 진행했는데 그제야 무한도전 멤버들이 저속한 표현을 많이 하고 있었다는 사실을 깨달을 수 있었다.

그냥 무심코 보는 동안에는 인물에 몰입되어 그들이 위험을 넘나드는 말을 쓰고 있는지도 몰랐다. 실제 무한도전은 이 때문에 방통위의 지속적인 경고를 받아오고 있었다 한다.

이에 〈무한도전〉은 지혜롭게 이를 교정하는 방식으로 아나운서를 초빙해 고운 말 캠페인을 벌이는 장면을 연출했던 것이다.

배현진 아나운서가 지적한 무한도전 멤버들의 저속한 표현을 열거하면 "에라이, 이씨, 멍청이……." 같은 말들이다. 아이들도 가장 즐겨보는 프로그램에서 이런 말들이 난무하면 부정적 영향을 미칠 것이 뻔하므로 방통위에서도 경고를 줄 수밖에 없었던 점을 인정한다.

하지만 배현진 아나운서의 교육에 멤버들은 하나같이 반론을 제기했다. 그런 말을 안 쓰면 말의 재미가 없어진다는 것이다.

사실 말에는 느낌도 있고 맛도 있다. 맛깔 나는 말을 써야 듣는 사람도 재미있다. 그래서 조금 저속하긴 하지만 저런 말을 썼을 때 재미를 이끌 수 있었다는 주장이다. 그럼에도 멍청이 같은 말은 욕에 가깝기에 반드시 교정이 필요하다.

멤버들이 배현진 아나운서에게 멍청이를 고운 말로 순화하면 어떻게 되는지 묻자 배현진 아나운서의 대답이 배꼽을 잡는다.

"모자라지만 착한 친구야."

어떤가. 만약 현실에서 저런 표현을 썼다간 시청자들이 다 달아날지도 모른다. 기본적으로 약간은 B급 표현으로 웃음을 줘야 하는 무한도전 멤버들에게 고운 말을 요구하는 것 자체가 난센스다. 그럼에도 불구하고 멤버들 역시 선을 넘은 저속한 표현으로 웃음을 유발하려는 자세도 교정되어야 한다.

이럴 때 필요한 것이 최소한의 저속한 표현을 교정하는 방법이다.

먼저 멤버들이 썼던 에라이, 이씨, 멍청이 같은 표현들은 이 프로그램을 아이들도 본다는 측면에서 삼가는 것이 좋다.

대안으로 에라이, 이씨 같은 표현은 '으이그' 정도로 대체하면 어떨까 싶다. 대신 언어적 표현이 약하다면 몸개그로 이를 대체하면 좋을 것이다. 멍청이의 경우 앞에 수식어를 붙여주면 어떨까 싶다. 예를 들면 '귀여운 멍청이' 등으로.

대화를 나눌 때 무조건 좋은 말만 하고 긍정적 단어로만 표현하려다 보면 자칫 지루해지고 가식적으로 보일 수 있다. 대화의 분위기가 항상 좋게만 흘러갈 순 없으므로 때로는 저속한 표현 앞에 맞닥뜨릴 때도 있는 법이다. 이때 저속한 표현을 써버리면 나도 저속한 사람이 되어버리므로 최소한 이를 교정하는 방법에 대해 알아보는 것은 필요하다.

앞의 저속한 표현 중에서 '빼도 박도 못한다.'는 '진퇴양난이다.'로, '쓸개 빠진 놈'은 '줏대가 없어 보인다.'로, '야코죽다'는 '기가 죽다.'로, '염병할'은 '제기랄'로, '오라질'은 '경을 칠'로, '희쭈그리'는 '축 처져'로 바꿔 쓰면 그나마 저속한 느낌을 중화시킬 수 있다.

여하튼 저속한 표현은 남뿐 아니라 나의 인격도 깎아내리므로 가능한 한 쓰지 않는 게 좋다. 대신 나만의 맛깔 나는 표현이나 스토리텔링으로 바꾸면 얼마든지 이를 커버할 수 있다.

예를 들어 국민 MC로 유명세를 떨친 유재석의 경우 저속한 표현을 거의 하지 않는다. 그럼에도 불구하고 그는 최고의 인기를 구가하고 있다. 주목할 것은 유재석 하면 단지 인기만 높은 게 아니라 개그맨으로서의 그를 존경하는 사람들까지 생겨나고 있다는 점이다. 이는 그가 저속한 표현을 쓰지 않으면서도 사람들을 재미있게 해줄 뿐 아니라 상대를 존중해주는 말까지 할 줄 알기에 일어나는 일들이다. 즉 유재석이야말로 이기는 대화에 능한 사람인 것이다.

말의 품격을 올리는 방법

이제 내 말의 품격을 올리는 방법에 대해 접근해보려 한다. 이때 사람들이 흔히 생각하는 게 품격을 올리는 고급 단어나 문장들을 떠올린다. 물론 고급 단어나 문장들이 말의 품격을 이루는 재료가 될 수는 있다. 하지만 말의 내용에서 격이 떨어져 버린다면 아무리 고급 단어와 문장을 섞더라도 그 사람의 말격은 절대 올라갈 수 없다는 사실을 명심해야 한다.

말의 내용에서 말격을 살리려면 나 중심의 말이 아닌 상대를 존중해주는 말을 할 줄 알아야 한다. 상대를 존중해주는 말을 하면 그 존중이 나에게로 돌아와 나의 격이 높아질 수 있기 때문이다.

하지만 상대를 존중한다는 게 말처럼 쉽지 않다. 더욱이 내가 상대보다 윗사람일 경우 더욱 어렵다. 결국 윗사람은 아랫사람을 무시하는 말로 격을 떨어뜨리고 아랫사람은 윗사람을 경멸하는 말로 격을 떨어뜨린다.

상대를 존중하는 마음을 갖기 위해서는 겸손의 태도가 필요하다. 그런데 흔히들 겸손이란 나를 낮추는 것으로 여긴다. 따라서 겸손의 중요성을 깨달으면 어떻게든 자신을 낮추려 애를 쓴다. 하지만 이러한 겸손이 좀처럼 쉽지 않다는 것은 누구나 경험으로 알고 있다. 겸손은 왜 이리도 힘들까?

그것은 겸손의 정의가 잘못되었기 때문이다. 겸손의 사전적 정의는 '남을 존중하고 자기를 낮춤'이다. 즉 남을 존중하는 것과 자기를 낮추는 것이 함께 있는 것이 겸손이다. 그런데 남을 존중하지 않으면서 자기만 낮추려 드니 겸손이 잘 이루어질 리 없다.

남을 존중해야 하는 이유는 그도 나처럼 귀한 인격체이기 때문이다. 만일 그가 내 마음에 안 드는 행동을 했다 해도 그가 우주에서 가장 귀한 인격체임은 변하지 않는다. 그래서 상대는 무조건 존중해야 하는 것이다. 이렇게 상대를 존중하는 마음을 갖게 되면 자기를 낮추는 것은 그리 어렵지 않게 된다.

사실 이때의 낮아짐은 낮춘다기보다 높아지지 않는 상태다. 만약 나는 낮고 상대가 높다면 이 또한 대화의 균형이 이루어질 수 없다. 따라서 진짜 겸손의 극치는 상대를 존중하는 마음에 있다.

어떤 이에게 를 존중한다는 표현이 어려울 수도 있다. 이를 쉬운 표현으로 바꾸면 '상대를 알아주는 것'으로 대체할 수 있다.

쉬운 표현으로 바꿔도 상대를 알아주는 것, 이것은 매우 단순해 보이면서 아주 어려운 일이다.

상대를 알아주는 것이 어려운 이유는 인간의 이기적 속성 때문이다. 결국 모든 대화의 틀어짐은 바로 '상대를 알아주는 것', 바로 이것이 되지 않기에 일어나는 것이다.

상대보다 내 주장, 내 뜻을 앞세우기에 대화의 충돌이 일어난다. 하지만 상대를 알아줄 때 이 모든 충돌은 상쇄된다. 대신 갈등관계는 좋은 관계로 돌아서게 된다.

내가 상대를 알아주지 못하는 이유는 아직 내 속에 작은 교만이 남아 있기 때문이다.

그런 점에서 상대를 알아주는 것이 최고의 겸손이다. 상대를 알아주는 게 잘되지 않는다면 의지적으로 훈련을 시작할 수 있다. 지금 당장 평소 내가 알아주지 못했던 상대에게 그를 알아주는 문자부터 보내보자. 그때 상대도 닫혔던 마음이 열릴 수 있다. 이렇게 내가 상대에게 보낸 겸손이 상대마저 겸손한 마음으로 돌릴 수도 있다.

이렇게 생긴 겸손한 마음으로 대화를 시작해 보자. 더 이상 내 입에서 상대에게 해가 되는 말이 나오지 않고 덕이 되는 말만 나오는 신기한 경험을 하게 될 것이다.

내가 상대를 알아주므로 상대도 기분 좋고 또 상대가 나에게 좋은 에너지를 반사하니 내 말격은 자연히 올라갈 수밖에 없다. 이렇게 높아지는 말격은 어떤 미사여구나 고급 단어와 문장을 쓴 말보다 훨씬 존중받는 말격으로 승화할 수 있다.

Think episode

〈핵심 문장 정리〉

❶ 내 입에서 나오는 말이 바로 내 인격을 대변한다.

❷ 욕설의 사전적 정의는 '남의 인격을 무시하는 모욕적이고 저주하는 말' 이다.

❸ 저속한 표현을 쓰지 않으면서도 사람들을 재미있게 해줄 뿐 아니라 상대를 존중해주는 말까지 할 수 있다.

❹ 겸손의 사전적 정의는 '남을 존중하고 자기를 낮춤'이다.

❺ 상대를 알아주는 것이 최고의 겸손이다.

이기는 대화 기술

이기는 대화를 위한 의식 훈련

이기는 대화를 위해서는 이제부터 몇 가지 훈련이 필요하다. 우리는 이미 너무 오랜 세월 동안 이기지 못하는 대화의 패턴에 습관이 들어왔기 때문이다.

습관은 무의식 속에 차고 앉아 사람을 고착화시키는 습성이 있다. 그래서 습관을 바꾸기란 좀체 힘들다. 하지만 호랑이굴에서도 정신만 차리면 산다 했듯이 우리도 의식을 바꾸면 습관도 허물어뜨릴 수 있다.

우리의 의식을 바꾸기 위해 인간의 마음 구조를 이해하는 일이 필요하다. 인간의 마음은 다음 그림과 같이 이기심 + 양심으로 구성돼 있다.

양심은 중심에 있지만 속 깊은 곳에 있어 잘 드러나지 않는다.

이기심은 바깥에 있어 쉬 드러나며 크기도 양심보다 크다. 그래서 대개의 인간은 이기심이 먼저 발동한다.

양심으로 하는 대화는 이기는 대화를 만들지만 이기심으로 하는 대화는 지는 대화를 양산하고 만다.

안타깝게도 오늘날 부부갈등이 심화되고 인간관계가 허물어져 가는 중심에 지는 대화가 있다.

사람들이 이기는 대화를 하지 못하기에 갈등은 더욱 커지고 인간관계는 더욱 악화되어 가고 있다.

처음에는 좋은 관계로 만났더라도 대화가 지속되다 보면 서로의 허물이 드러나고 갈등이 생기고 심지어 다툼으로 번지기도 하는 일이 부지기수로 일어나고 있다.

이 모든 중심에 지는 대화가 자리한다.

지는 대화가 과거 어느 때보다 빈번해진 까닭은 이기심의 크기와 관계가 있다. 인간은 물질문명의 발전과 함께 이기심의 크기도 점점 더 키워왔다.

오늘날 우리 삶의 중심에는 이기심으로 만들어낸 개념들이 판을 치고 있다. 그리고 이 개념들은 고스란히 지는 대화에 그대로 악용되고 있다. 지는 대화는 인간관계를 악화시키고…… 인류는 지금 이런 악순환의 쳇바퀴에서 벗어나지 못하고 있다.

이 악순환의 고리를 끊기 위해서는 이기심으로 양산되어 지금은 굳어져 있는 의식들을 개조하는 작업이 필요하다. 그 대표적 개념 몇 가지를 열거하면 다음과 같다.

'주장, 명령, 비판, 참음, 자존심, 고민.'

위의 단어들과 이기심은 어떤 관계가 있을까?

이기심에서 나온 대표적 개념이 주장이다.

주장이란 내 의견을 일방적으로 펼치는 것이다. 만약 양쪽 다 생각하는 양심이 작동한다면 주장이란 존재할 수 없다. 대신 '의논'이 있을 수 있다.

명령 또한 마찬가지다. 어떻게 인격이 인격에게 명령할 수 있단 말인가. 명령이란 주인이 노예에게나 하는 것이다. 그런데 이기심은 명령을 당연한 상식으로 만들어놓았다. 만약 양심의 시각으로 명령을 재해석한다면 '부탁' 정도가 될 것이다.

비판도 이기심이 만들어낸 용어. 상대의 인격을 존중하는 마음이 있다면 비판보다는 분별을 권장할 것이다.

참음은 왜 이기심과 관련이 있을까? 언뜻 보면 참는다는 것은 상대를 배려하는 것처럼 보인다. 물론 상대는 배려하지만 자신을 혹사시키는 결과를 초래한다. 이는 결국 상대에게도 해를 주게 되므로 그런 점에서 참음은 약한 이기심의 결과라 할 수 있다. 만약 양심의 시각으로 본다면 둘 다 사는 방법을 택하므로 참는 것 대신 '이해'를 선택하게 될 것이다.

자존심의 원래 뜻은 자신을 존중하는 마음이다. 그런데 이게 이기심의 눈으로 보다 보니 개념이 바뀌어 버렸다. 자기를 존중하는 마음을 내세우는 것으로! 양심의 시각으로 이는 수정될 수 있는데 바로 자존감 또는 자긍심이다.

마지막으로 고민이 왜 이기심과 관련 있을까. 의아해하겠지만 고민이란 자기중심적 시각으로만 보기에 일어나는 일이다. 양심적 시각으로 보면 고민 상태에 있지 않고 왜 이런 일이 생겼는지 연구하려 들게 될 것이다.

이와 같이 그동안 내 이기심이 만들어낸 개념들을 의식적으로 바꾸는 작업이 이기는 대화를 위한 의식 훈련이다.

의식이 바뀌기 위해서는 이전에 내가 갖고 있던 개념들이 왜 잘못되었는지 받아들이고 새 개념이 왜 맞는지 이해하기만 하면 된다. 그러면 자연적으로 옛것은 지나가고 새것으로 바뀌게 된다.

주장 대신 의논하는 대화

지금 내가 얼마나 주장에 익숙해 있는지는 내 언어습관을 조금만 들여다봐도 알 수 있다. 나 역시 다음과 같은 말 습관에 익숙해 있었다.

"~해라."
"~ 그건 이런 거야."
"~ 왜 안 했어……."

그런데 이런 주장들은 내 기준으로는 절대적인 것 같지만 실제로는 상대성원리로 반응한다. 내 주장을 받아들이는 상대 역시 주장에 익숙해 있는 사람이기 때문이다.

주장 대 주장이 맞서면 충돌이 일어나게 마련이다. 이게 커지면 갈등 다툼으로 번지게 된다. 혹 상대가 내 주장을 받아들인 것 같아도 사실 속으로까지 받아들인 건 아닐 가능성이 높다. 그건 지위나 권위, 어쩔 수 없는 상황 때문에 받아들인 것이지 정말 마음이 동해 받아들인 건 아닐 수 있기 때문이다.

사람이 상대의 주장을 받아들이기 힘든 이유는 인간의 존엄성 때문이다. 인간은 우주에 있는 모든 존재 중 가장 존엄하기에 누구로부터 내 뜻을 침해당하도록 설계되지 않았다. 그런데 상대의 주장을 받아들여야 한다는 것은 내 뜻을 침해당하는 것과 같으므로(내 뜻이 상대와 다를 경우) 무조건 싫은 것이다. 남편이나 아이들이 엄마의 잔소리가 싫은 이유도 여기에 있다.

따라서 주장은 관계악의 근원이 되므로 절대 피해야 한다.

주장의 반대는 비주장이라 생각하기 쉽지만 위의 기준으로 보면 의논이 된다.

의논은 일방적으로 내 주장을 펼치는 것이 아니라 상대와 타협점을 찾는 길이기 때문이다.

의논은 자연스레 상대의 주장도 이끌어내어 서로의 주장과 주장에 대한 타협점을 찾게 해준다. 인간의 존엄성을 지키게 해주니 충돌이 일어날 여지도 없다. 의논에 해당하는 가장 적절한 언어는 "~ 어때?"이다.

지금부터 대화 습관을 "~해."에서 "~ 어때?"로 바꾼다면 내 인생이 달라질 수 있다. 많은 사람들이 내편으로 돌아설 것이기 때문이다.

비판 대신 분별하는 대화

오늘날은 정말 좌우 대립의 시대인 듯하다. 정치적으로 좌우가 대립되어 하루도 싸우지 않는 날이 없다. 경제적으로도 좌우가 대립되어 서로를 비판하기에 여념이 없다. 사회적으로도 좌우가 대립되어 분열의 끝을 향해 달리고 있다.

이러한 대립의 본질에 상대에 대한 비판이 있다. 내 주장은 옳고 상대 주장은 틀리다는 데서 출발한 비판이다.

그런데 과연 이런 비판이 옳을까?

좌파의 주장이 옳은지 우파의 주장이 옳은지 과학적으로 검증된 적이 없다. 둘 다 불투명한 주장을 옳은 것이라 믿고 상대를 헐뜯고 있는 것이다.

이런 어리석은 모습을 보고 성경에서 하는 말이 있다.

"어찌하여 형제의 눈 속에 있는 티는 보고 네 눈 속에 있는 들보는 깨닫지 못하느냐"

이제 100% 검증된 주장이 아니라면 더 이상 남을 비판해서는 안 된다. 하지만 수십 년 비판의 습관이 몸에 배어 있기에 이를 실천하기란 쉽지 않다.

이를 위해 좋은 방법을 소개한다.

'비판 대신 분별'하는 것이다.

비판할 일이 생기면 이 말을 되새기고 일단 비판을 참는다. 그리고 지금의 상황을 분별하기 위한 시간을 갖는다. 이때 내 지식만으로는 분별이 어려우므로 멘토의 조언, 인터넷 검색, 관련 지식의 강의 등을 통하여 그 상황에 대한 정확한 분별을 얻어내기 위해 노력한다.

이렇게 하여 그 상황에 대한 정확한 분별을 얻어냈다면 그제야 상대와 이 문제에 대해 의논하는 시간을 가진다. 그러면 우리는 상대와의 갈등을 최소로 줄이면서 소모적인 삶이 아닌 생산적인 삶으로 나아갈 수 있을 것이다.

명령 대신 부탁하는 대화

가정에서, 부모들은 아이들에게 명령하는 말투에 익숙해 있다. 내가 키우는 내 아이인데 어때 하고 맞설 수 있으나 그게 그렇지 않다.

오늘날 가정에서 부모와 자녀 간 갈등이 높아지는 근본 이유가 이러한 '지는 대화'에 있음을 아는 사람은 많지 않다.

부모들은 무의식적으로 자녀에게 명령 투의 말을 툭툭 던지고 이에 마음 상한 자녀들은 반항 투로 말을 되받아친다. 이런 대화에서 언성이 높아질 것은 뻔하고 그래서 부모와 자녀들은 아예 대화를 꺼리는 침묵기로 접어드는 것이다.

오늘날 이런 모습의 가정들이 얼마나 많은지 모른다.

우리 집 역시 현재 중3, 고2의 두 자녀가 있는 집이라 남의 일이 아니다. 초등학교 때까지 그렇게 다정다감히 지내던 관계가 중학교에 들어가고 사춘기가 찾아오면서부터 서먹해졌다.

다행히 지금도 여전히 스킨십은 허용되지만 그것도 초등학교 때의 10분의 1, 20분의 1 수준이다.

문제는 대화에서 고스란히 드러난다.

좀체 말을 붙이기가 힘들다. 조금만 잘못하면 반발이 튀어나온다. 따라서 대화의 내용도 부실할 수밖에 없다.

우리 집만의 문제인가 싶어 다른 집을 알아봤더니 비슷한 정도가 아니라 똑같단다. 어떤 집은 자녀와 갈등의 골이 꽤 깊은 가정도 있었다.

자녀가 사춘기가 되면 어느 가정이나 으레 겪는 일이라면서 사람들은 이 문제에 대해 심각하게 생각하지 않는다. 하지만 내 생각은 달랐다. 사춘기 때문에 대화의 양이 주는 것까지는 인정하겠는데 질까지 떨어지거나 아예 단절되는 건 아니다 싶었다.

부모와 자녀 간의 갈등을 겪는 가정은 여러 가지 이유가 있겠지만, 그중 하나는 분명 명령 투의 대화 방식에 있을 확률이 높다. 실제 나는 그런 가정들의 부모들이 사용하는 말투를 알아봤는데 대부분 명령 투의 말로 자녀를 대하고 있었다.

자녀가 사춘기가 되었다는 것은 자신도 이제 인격적 대우를 받고 싶은 나이가 되었다는 의미이기도 하다. 그런데 아무리 부모라도 명령 투의 말을 자꾸 받으면 기분 나쁠 수밖에 없다. 이런 대미지가 쌓이면 걷잡을 수 없는 관계 악화로 이어질 수 있다. 어쩌면 많은 문제 가정들의 첫 갈등의 시작은 이렇게 진행되었을 가능성이 높다.

만약 이때 부모가 자녀의 인격을 존중하는 마음으로 접근할 수 있다면 비인격적인 명령조 대신 인격적인 '부탁조'의 방법을 쓸 수 있다.

과연 어디로 튈지 모르는 펄펄 뛰는 물고기 같은 사춘기 자녀에게 부탁조로 말했을 때 대화는 통할 수 있을까? 경험해 보지 않은 사람들은 고개를 갸우뚱할 수밖에 없을 것이다. 하지만 나는 실험으로 이것이 통한다는 사실을 알아낼 수 있었다.

큰아이는 학교가 멀어 아침 등교만 자동차로 배웅해준다. 그런데 아침은 출근시간이라 10분만 늦어도 치명타가 크다. 그런데 큰아이는 "5분만 더." 하며 이불 속에서 시간을 끌어 애를 태운다. 이 때문에 중요한 아침 시간을 도로바닥에서 허비하는 것이 너무 아깝다. 나는 큰마음 먹고 큰아이에게 부탁을 했다.

"너 아빠 부탁 하나 들어줘라. 아빠가 이번 달 말까지 마감이 있어 바쁜데 네가 아침에 10분만 일찍 움직여주면 큰 도움이 될 것 같아."

그랬더니 큰아이는 이미 눈치 채고 "그럼 10분 일찍 일어나면 되는 거죠?" 하고 대답해주는 것이 아닌가. 얼마나 기쁘던지 '야호!' 하고 마음속 쾌재를 불렀다.

그 다음 날 큰아이는 정말 10분 일찍 일어나 나의 아침 여유 시간을 1시간 이상 늘려주었다.

어떤 사람은 자신이 지금 명령 투의 말을 사용하고 있는지 잘 모르는 경우도 있다. 이를 위해 당장 의식적으로라도 자녀에게 던지는 말이 명령 투인지 확인해 보는 작업이 필요하다. 내가 조사한 바로는 80%, 아니 거의 90% 이상의 가정에서 명령 투의 대화가 오가고 있었다. 만약 명령 투가 확인되었다면 지금부터라도 당장 부탁조의 말투로 바꿔보자. 답답한 가정에 새바람이 불어올 것이다.

참음 대신 이해하는 대화

"괴물과 싸울 때 내가 괴물이 되지 않게 조심하라."

이는 니체가 한 말이다. 사람이 화가 나면 헐크처럼 괴물이 된다. 문제는, 그 괴물에 맞서는 나도 화를 이기지 못하면 괴물이 된다는 사실이다.

나 역시 극도로 화가 치솟을 때 마치 내가 괴물이 된 듯한 경험을 많이 했다. 우주에서 가장 고상한 인간이 괴물이 되어야 한다는 것은 매우 서글픈 일이 아닐 수 없다.

괴물이 되지 않기 위해서는 치솟는 화를 잘 다스리는 기술이 있어야 한다.

화는 곧 불이다. 불은 뜨거운 기운이므로 맞불을 놓는 것은 화를 더 키우는 꼴이 된다.

뜨거움은 찬 기운으로 맞서야 한다. 일단 화가 난 상황을 피하여 냉정하게 화가 난 상황을 분별하는 시간을 갖는 것이 중요하다. 이렇게 화가 식으면 분별력이 생겨 화가 난 상황을 지혜롭게 대처할 수 있게 된다.

화와 관련하여 우리나라에는 다른 나라에 없는 병이 하나 있다. 이른바 화병이다. 화火는 불덩어리인데 이것을 해소하지 않고 속에 계속 쌓아두다가 열불이 터져 생기는 병이다.

화병이 우리에게 던져주는 메시지는 화를 내어서는 안 된다가 아니다. 세상에 화를 내지 않을 수 있는 사람은 거의 없기 때문이다. 아무리 성인군자라 하더라도 어느 순간 화가 날 수 있다. 실제 성경의 예수도 바리새인들에게 화내는 장면이 등장한다.

누구든지 화가 날 수는 있지만 이것을 어떻게 다스리느냐가 중요하다. 만약 참음을 선택한다면, 그리고 이것이 누적된다면 그 사람은 화병에 걸릴 확률이 높다. 이것이 화병이 우리에게 던져주는 교훈이다.

화의 첫 발원지는 어디일까? 누구나 처음부터 불같은 분노를 뿜어내지는 않는다.

처음에는 대화의 어긋남에서부터 시작된다. 상대가 내 마음에 들지 않으므로 짜증이 난다. 그 짜증이 해결되지 않으면 이제 분을 품는 것으로 발전한다. 분 다음이 성이요, 성 다음이 화, 분노, 그리고 폭발이다.

이를 통하여 우리는 화가 마치 불씨가 커지는 것처럼 점점 성장하는 성질이 있다는 사실을 알 수 있다. 화의 시작은 사소한 짜증이었으나 화의 끝은 무서운 폭발인 것이다.

과거 기회가 있어 명강의에 초청을 받았었다.

우리나라에서 베스트셀러가 된 〈정의란 무엇인가〉의 저자 마이클 샌델과 함께 하버드대에서 강의하는 탈 벤 샤하르 교수의 강의였다.

그는 〈행복 Happiness〉이란 책을 내기도 했었다.

나는 무슨 대단한 비결이 나올 거란 기대감에 귀를 쫑긋 세우고 샤하르 교수의 강의에 집중했다. 그때 '화'에 대한 이야기도 나왔다.

그는 감정을 참지 말고 표출하라 했다. 화도 참지 말고 그때그때 표출하는 게 낫다는 이야기였다. 나는 그 이상의 무슨 해답을 기대했었는데 너무 평범한 대답이 나와 실망했었다. 아니나 다를까, 질문자가 손을 들어 샤하르 교수에게 "그건 우리도 알고 있는 거니 더 깊은 답이 없는가." 하고 물었다. 하지만 샤하르 교수는 같은 말만 되풀이할 뿐이었다. 그때 하버드대 유명교수도 별 다른 거 없구나 하고 씁쓸한 입맛을 다셨던 기억이 선명하다.

지금 돌이켜 보면 샤하르 교수는 당시 화병을 예방할 수 있는 비책을 말해주었던 셈이 된다. 하지만 감정을 그때그때 표출한다고 문제가 해결되진 않는다. 당장 오늘 아내에게 내 감정을 표출하면 가정의 평화가 깨지고 만다. 이 여파는 우리 부부만 아니라 아이들에게까지 미치니 부정적 영향은 더욱 커진다. 따라서 감정을 표출하되 지혜롭게 표출하는 것이 필요할 것이다. 샤하르 교수는 그런 방식의 감정 표출을 이야기했던 것일 테다.

우리는 샤하르 교수의 예에서 화를 참는 것보다 표출하는 것이 나음을 알 수 있다. 그 이유는 앞에서 제시한 화의 성질 때문이다.

화는 점점 확장하는 성질이 있는데 그때그때 표출하면 확장할 여지를 막는 셈이 된다. 하지만 계속 참으면서 속에 쌓아두면 이제 점점 커져 폭발할 준비를 하게 된다. 이렇게 마지막에 폭발했을 때는 이제 걷잡을 수 없는 상황에 이르게 될지도 모른다.

이처럼 화는 나중에 쌓여 폭발하는 성질이 있기에 참는 것은 좋지 않다. 화는 '불 화' 자이므로 일단 피하여 불을 끄고 보는 게 상책이다. 이때 불을 끄는 방법으로 술도 도움이 된다. 아니면 자신만의 불 끄는 방법(스트레스 해소법)이 있으면 더욱 좋다. 하지만 이렇게 해소한 화는 없어진 것이 아니라 물잔 속의 모래처럼 가라앉아 있을 뿐이란 사실을 알아야 한다. 언제든지 물 잔이 흔들리는 순간 물 전체를 흐릴 준비를 하고 있는 것이다.

화는 분출하거나 참거나 가라앉히는 방법으로는 근본적으로 해결되지 않는다. 화는 '이해'를 통해 녹여내야 한다. 대부분 화는 내 기준과 잣대로 보는 오해에서 생기는 것이므로 이를 이해하는 것으로 풀 수 있다는 이야기다.

그렇다면 어떻게 화난 상황을 이해할 수 있을까?

과거, 나를 공격하는 아내의 분노에 반응하여 내 분노가 용수철처럼 튀어나와 주먹 뼈가 으스러지도록 벽을 강타한 적이 있다. 상대의 분노에 반사되어 내 분노가 튀어나오는 것은 자연 반응이다.

처음 일어나는 분노는 이런 원리의 분노였을 것이다. 하지만 분노는 다시 분노를 일으켜 악순환을 불러일으킨다는 점에서 문제가 있다.

분노를 다스리려면 분노의 악순환을 끊어 선순환으로 돌리는 노력이 필요하다. 이를 위해 분노의 본질을 파고들 필요가 있다.

분노란 내 감정이 공격당했다는 생각이 들 때, 나아가 내가 상처받았다는 느낌이 들 때 본능적으로 반응하여 나타나는 정서적 본능이다. 내 육체가 공격당하거나 내 마음, 내 자존심이 공격당할 때 반사적으로 일어나는 것이 분노다.

이러한 분노는 받은 만큼 되갚아주든지, 상대가 잘못을 인정하는 상황이 되어야만 사라진다. 하지만 이렇게 분노가 가라앉았다고 완전히 사라진 것은 아니다. 왜냐하면 분노의 근본원인을 잠재우지 않았기 때문이다.

분노의 원인은 공격당함에 있는데 이때 왜 공격당했는지에 대한 이유에 분노의 근본원인이 숨어 있다. 이것을 이해해야 한다.

흔히 이유 없이 또는 내 잘못 없이 공격당한다고 생각하는데 이는 그렇지 않다. 반드시 내 잘못도 있기에 공격당할 환경을 만든 부분도 있다. 또 이번 일은 100% 상대 잘못이라 하더라도 과거의 내 잘못이 있기에 그 순간 하늘이 공격당하게 한 것일 수도 있다.

그럼에도 불구하고 분노는 100% 상대 탓(상대 잘못으로 이런 일이 일어났다는 생각)을 하기에 일어나는 감정이다. 그런데 분노의 원인에 자기 탓도 있다는 사실을 알면 모순이 일어난다. 즉 사실은 이렇게 분노할 일이 아닌데 어리석게도 분노한 일이 되는 것이다.

이처럼 분노의 본질을 이해하기 위해 파고들면 내 잘못(물론 상대 잘못도 포함하여)으로 인하여 공격당함이 일어나 나타난 현상임을 알 수 있다. 즉 분노가 터진 상황은 내 잘못을 돌아봐야 할 일이 곪아터진 상황이라 할 수 있는 것이다.

따라서 분노가 일 경우 상대에게 분노를 표출하기보다 시간의 흐름에 나를 맡겨 마음을 추스르고 상대에게는 적절히 사과한 후 자신의 행동을 돌아보고 개선하는 기회로 삼는 것이 가장 지혜로운 방법이 될 것이다.

다시 한 번 강조하면, 화를 참으면 폭발하지만 이해하면 다 녹는다. 이때 화는 더 이상 나로부터 완전히 떠나가 버린다. 이를 명심하면 화로부터 자유로워질 수 있다.

자존심 대신 자긍심으로 하는 대화

아내와의 대화중에 갑자기 기분 상하는 일이 있었다. 내 주장에 대해 아내가 반기를 들었기 때문이다.

사실 이런 일이 어제 오늘 일은 아니다. 중요한 것은, 아내는 반발할 이유가 있어 반발한 것인데 왜 내 기분이 상하느냐 하는 것이다.

내 자존심 때문일 것이다. 자존심이 강한 사람은 남의 비판에 자존심이 상처입기에 비판을 잘 수용하지 못한다. 내가 딱 그런 상태였다.

10년 넘게 작가 생활을 하면서 아직도 힘든 부분이 내 글에 대한 비판이다. 내 글에 대한 남의 비판을 수용하기 힘들어하는 까닭은 내 글 앞에 자존심을 내세우기 때문임이 명징하다.

나는 어떻게 이 문제를 해결해야 할까? 이에 대한 답을 얻기 위해서는 왜 자존심이 불쑥 고개를 쳐드는지 알아내야 한다.

자존심은 상대와의 관계 속에서 나의 가치성을 지키려는 마음이다. 이때 나의 가치가 공격받는다는 느낌을 받을 때 자존심은 여지없이 발동한다. 이런 마음에 자기중심적 사고가 자리하고 있다.

즉 나와 상대를 대립구도가 아닌 상생구도로 놓은 상태에서 상대의 공격을 받았다면 아마도 그 공격을 충고 정도로 받아들일 수 있을 테다. 자존심이 벌떡 일어설 이유도 없다. 하지만 내 중심적 사고는 나와 상대를 절대 상생구도로 만들어내지 못하고 대립구도로 만든다. 이때 상대의 공격을 받으면 그 공격은 살벌한 무기로 느껴진다. 이렇게 내 자존심이 상처받으니 벌떡 일어날 수밖에 없다.

이처럼 자존심이 날서는 것은 내 중심적 사고와 깊은 관련이 있다.

이러한 문제를 어떻게 해결할 수 있을까?

내 중심적 사고를 버리는 수밖에 없다. 내 중심적 사고를 버리기 위해 가질 수 있는 좋은 마음이 '자긍심'이다.

자긍심이란 자신의 능력에 대한 믿음이 있어 스스로 긍지를 가지는 마음이다. 반대로 자존심을 내세우는 것은 자신의 능력에 대한 믿음도 없으면서 자기를 드러내는 마음이다.

긍지란 자신의 능력에 대한 믿음이 있을 때 나오는 마음이다. 즉 자신감의 발로가 긍지로 나타나는 것이다. 하지만 자신감도 없으면서 내세우는 게 자존심이다.

자긍심은 가지려 해서 가져지는 게 아니라 내 능력이 키워질 때 스스로 가져지는 것이다. 스포츠 선수가 능력을 인정받아 금메달을 땄을 때 비로소 자긍심이 생기는 것처럼.

이러한 자긍심을 키우기 위해서는 나 자신을 업그레이드하는 과정이 꼭 필요하다는 점에서 당장 가질 수 있는 마음은 아니다.

하지만 자긍심에는 또 하나의 뜻이 더 숨어 있다.

'긍'은 자랑할 긍도 되지만 긍휼히 여길 긍도 되기 때문이다. 즉 남을 긍휼히 여기는 마음 또한 자긍심이다.

남을 사랑하고 배려할 수 있는 마음 또한 자긍심인 것이다.

이런 마음을 갖게 되면 기본적으로 나를 비판해주는 상대 관점으로 현상을 바라볼 수 있기에 내 자존심을 내세울 일도 마음 상할 일도 없어진다.

상대가 나를 비판하더라도 자존심이 아닌 자긍심으로 바라본다면 공격적 비판이라도 상대를 위한 관점으로 받아들일 수 있게 된다. 이로써 비판에 마음 상하거나 자존심 내세울 일이 없어지게 된다.

Think episode

chapter 04 이기는 대화 기술
〈핵심 문장 정리〉

❶ 주장 대신 의논하라.

❷ 명령 대신 부탁하라.

❸ 비판 대신 분별하라.

❹ 화를 참으면 폭발하나 이해하면 다 녹는다.

❺ 남을 사랑하고 배려할 수 있는 마음 또한 자긍심이다.

chapter 05

이기는 대화의 최고봉

차딱불 따부소 원칙

지는 대화에는 세 가지 성질이 존재한다. 차갑거나 딱딱하거나 불통 대화다.

나는 이를 통틀어 차딱불 대화라 일컫는다.

그런데 재미있는 것은 이 세 가지 성질이 따로 존재하는 것이 아니라 서로 연결되어 있다는 사실이다.

먼저 내가 차갑게 말하면 상대와의 관계가 딱딱해진다. 관계가 딱딱한데 서로 간에 소통이 일어날 리 없다. 당연히 불통이 생긴다. 즉 차가우면 딱딱해지고 불통이 생기는 과정으로 진행되는 것이다.

또 이 세 가지 성질은 각각 따로 존재하기도 한다. 상대에게 차갑게 말하는데 좋은 대화가 오갈 리 없다. 또 딱딱하게 대화하는 데 분위기가 좋을 리도 없다. 불통 대화는 지는 대화의 끝판 왕이다.

반면 이기는 대화에도 다음 세 가지 성질이 존재한다. 따뜻하거나 부드럽거나 소통 대화다.

나는 이를 통틀어 따부소 대화라 일컫는다.

재미있는 것은 이 세 가지 성질도 서로 연결되어 있다는 사실이다.

먼저 내가 따뜻하게 말하면 상대와의 관계도 부드러워진다. 관계가 부드러우면 당연히 소통도 쉬워진다. 즉 따뜻하면 부드러워지고 소통이 생기는 과정으로 진행되는 것이다.

이 세 가지 성질 또한 각각 따로 존재하기도 한다. 상대에게 따뜻하게 말하면 포근한 대화 분위기가 형성된다. 또 부드럽게 대화하면 분위기가 좋아질 수밖에 없다. 소통 대화는 이기는 대화의 끝판 왕이다.

이를 바탕으로 이기는 대화를 위해서는 나의 차가움을 따뜻함으로 바꿀 필요가 있다.

따뜻하게 바꾸면 상대와의 관계도 부드러워지고 관계가 부드러워지면 서로 간에 소통도 쉬워진다. 이렇게 소통만 이루어진다면 원활한 인간관계가 이루어질 것은 두 말할 나위 없다.

따뜻하면 부드러워지고 소통 대화가 이루어지는 과정으로 진행되는 것이다. 따라서 이기는 대화의 최고봉은 차딱불 따부소임을 항상 기억하고 이를 실천하기 위해 노력해야 한다.

감동, 감탄 대화 – 따뜻함

오늘날은 기계화의 등장으로 인간성이 점점 상실되어 가는 시대를 살고 있다.

결핍이 심할수록 인간은 그것을 더 갈구하게 된다. 지금 세상을 스마트폰과 기계가 뒤덮고 있지만 결국 사람들을 감동시키는 것은 인간이다.

나는 최근에 나를 감동시키는 대화를 나눈 적이 있다. 그것도 나의 장모님과 함께.

얼마 전 일요일 아침, 거의 6시 조금 넘은 이른 시간에 전화벨이 울려 깜짝 놀랐다. 이 시간에는 아주 급한 상황이 아니면 전화할 사람이 없기 때문이다. 나는 스마트폰 디스플레이 발신자 란에 '장모님'이란 글자를 확인하고는 지레 놀랐다. 시골에 사시는 장인, 장모님께 큰일이라도 일어난 건가…….

그런데 장모님 왈 "쌀을 부치려는데 주소 좀 알려주게." 하신다. 이 이른 아침에 무려 5군데나 되는 자식들에게 정성들여 농사지은 쌀을 부치려 부산히 고생하고 계신 것이다.

요즘 젊은 사람들과 옛 어르신들 사이에 가장 큰 차이점은 '정성'인 듯하다.

젊은 사람들은 빠름, 효율을 추구하나 어르신들은 좀 느리더라도 정성을 추구하신다. 빠름, 효율은 이익을 주지만 정성은 감동을 준다. 이것이 정성이 가지는 가장 큰 강점이라 생각한다.

나 역시 아직은 젊어서 그런지 가장 큰 약점이 정성 부족이다. 그러다 보니 나에게 효율적이지 않다 싶은 것은 대충 대충하는 버릇이 몸에 배어 있다. 이는 곧 효율적이지 않은 일에 대한 게으름으로 이어져 나를 되받아치곤 한다.

그런 면에서 일흔 후반의 노구에도 이른 아침부터 자식들을 위해 정성을 들이시는 장모님의 행동은 나에게 작은 반성을 던져줬다.

미안한 마음이 들어 연신 고맙다 말씀드렸더니 돌아오는 말이 나를 더 감동시킨다.

"살아있는 동안 할 수 있는 것은 최선을 다하고 살아야 하네!"

그날 아침 이 말씀이 내 가슴에 박혔다. 마침 이 날이 일요일이라 교회 가서 설교 말씀을 들어야 했는데 장모님의 이 말이 하나님이 나에게 던져주는 최고의 설교처럼 느껴졌다.

나는 잔잔한 감동을 뒤로 한 채 장모님에게 "정말로 감사합니다."라고 인사를 드리며 감동 대화를 마무리 지었다.

어떤 이론을 갖다 대도 감동을 주는 대화보다 더 위에 있는 건 없다고 생각한다. 사람들이 감동하는 지점은 미사여구나 꽤 괜찮은 문장보다 가장 인간적인 모습을 따뜻한 행동으로 보여줄 때이다. 그런 면에서 차가운 빠름, 효율보다 따뜻한 정성, 사랑을 추구하는 자세가 필요할 것 같다.

감동과 비슷해 보이지만 조금 더 강한 뜻의 단어가 있으니 바로 '감탄'이다.

크게 느끼어 마음이 움직이는 것이 감동이라면 감탄은 탄복하는 수준까지 나아가는 것이다.

문화심리학자이기도 한 김정운 작가는 '인간은 감탄을 먹고 자란다.'고 했다.

실제 아이를 낳고 키울 때 얼마나 감탄을 많이 했는지 모른다. 아직 말도 못 하는 아이를 앞에 두고 "어이구 내 새끼, 어쩜 이리도 귀여울까."를 연발하며 감탄 대화를 쏟아내었다. 아이는 그 부모의 감탄을 먹고 무럭무럭 자랐다.

예술가들은 왜 혼을 부어 작품을 만들려 할까? 사람들의 감탄을 먹기 위해서다. 만약 경기장의 축구 선수들에게 관중들의 감탄이 없다면 맥 빠진 경기를 할 수밖에 없다. 요즘에는 유튜버들이 자신이 올린 영상에 '좋아요.' 버튼이 올라가는 것에 감탄한다. 이처럼 인간은 감탄을 먹고 자라는 성질이 있다.

그럼에도 불구하고 우리는 대화할 때 감탄에 인색하다.

대화할 때 상대의 말에 감탄의 제스추어와 양념의 말을 쳐주면 상대는 엔도르핀이 솟을 수밖에 없다. 더구나 힘이나 대화는 유익함으로 흐를 수 있다. 이때 필요한 감탄사들을 다음에 열거해 보겠다.

"아하!"

"정말이야!"

"대단하다!"

"그렇구나!"

"와!"

"멋져!"

"역시!"

상대와의 대화중에 이런 감탄사를 추임새로 넣어주면 상대의 말은 힘을 받을 수밖에 없다. 당장 대화중에 이런 감탄사를 섞는 연습을 해보자.

기억할 것은, 이와 같은 감동이나 감탄 대화는 마음이 따뜻한 사람이 할 수 있다는 사실이다. 차가운 사람은 절대 이런 대화 곁에 갈 수 없다. 따라서 감동, 감탄 대화를 하기 위해서는 먼저 내 마음을 따듯하게 데우는 작업이 필요하다.

다음에 따듯한 사람의 특징을 열거하니 참조해 보기 바란다.

- 말이 아닌 행동으로 상대를 위할 줄 안다.
- 상대의 허물은 덮어준다.
- 부드럽게 말한다.
- 유연한 사고를 가진다.
- 포용력이 좋다.

힐링 대화 – 부드러움

지금은 거의 잊혔지만 과거 세계 최고의 격투가로 활동했던 최배달을 좋아했다. 그는 극진 가라데의 창시자로 전 세계의 고수들을 찾아다니며 무술 겨루기를 해서 모두 이겼다. 그의 주 격투 대상은 무술가였으나 권투선수, 킥복서 등도 가리지 않았다. 그 지역의 고수라면 누구든 찾아가 무술을 겨루었고 당당히 이겼다. 심지어 그는 황소와도, 고릴라와도 싸워 이겼다. 대단한 것은 일본에서 1 대 100의 격투를 벌인 일도 있는데 거기서도 당당히 승리를 거두었다.

그런 그가 딱 한 번 이기지 못한 격투가 있었으니 중국의 쿵푸를 하는 노인 무술가였다. 혈기왕성한 젊은 고수에게 이기지 못했다면 체면이라도 설 텐데 노인 무술가에게 이기지 못했으니 자존심이 상할 만도 하다.

그런데 막강 파이터 최배달은 왜 노인 무술가를 이기지 못했을까? 지금까지 최배달과 겨루었던 상대들은 모두 강 대 강으로 맞섰다. 하지만 노인 무술가는 강한 존재가 아니었다. 그는 마치 연체동물처럼 부드러운 몸동작으로 최배달을 상대했다. 거기에 최배달은 무릎을 꿇고 만다.

이는 부드러움이 강함을 이기는 예를 보여주는 상징적 장면이다. 당시 중학생이었던 나는 최배달을 거의 영웅시했기에 그가 노인 무술가에게 이기지 못했다는 사실이 못내 아쉬웠다. 하지만 가장 강한 것은 결국 부드러움 앞에 지고 마는 것이 세상의 이치인가 보다. 실제 강한 남자를 지배하는 것도 부드러운 여자이지 않는가.

대화 역시 마찬가지다.

사람들은 자신이 높은 지식을 갖추고 언변이 좋으며 자신감이 넘치는……, 이런 대화의 강한 조건들을 갖추고 있으면 대화에서 이

길 것이라 생각한다. 물론 이런 것들이 좋은 대화를 하기에 유리한 것은 사실이다. 하지만 아무리 강한 언변의 무기를 가진 사람이라 하더라도 그 속에 부드러움이 없으면 상대의 마음까지 움직이기는 힘들다.

오늘날 대화에 가장 필요한 요건은 '힐링 능력'이라는 생각이 든다. 아픈 사람들이 너무 많고 상처 입은 사람들이 너무 많기 때문이다. 따라서 대화의 주제가 자연히 힐링 쪽으로 흐를 수밖에 없다. 이때 상대의 마음을 다독여 주고 힐링해 줄 수 있는 대화의 능력을 갖췄다면 그는 진정 '대화의 신' 자리에 올라도 무방하다.

그렇다면 어떤 사람이 이러한 힐링 능력을 갖추게 될까? 앞에서 이야기한 언변에 강한 힘을 가진 사람일까? 물론 그럴 수 있지만, 나는 아무리 해박한 지식과 언변을 가졌더라도 그가 부드럽지 않다면 힘들다고 생각한다.

어느 날 심한 불면증과 우울증에 걸린 P 노인이 한 정신과 병원을 찾아갔다. 그 정신과 의사는 TV에도 출연할 만큼 유명하고 능력 있는 사람이었다. 그런데 첫 대면부터 이상한 분위기를 느꼈다.

의사는 해박한 지식을 쏟아냈으나 P 노인을 너무 딱딱하게 대하는 것이었다. P 노인이 뭐라 대꾸하면 해박한 지식으로 눌러버리기 일쑤였다.

그날 P 노인은 약간의 불쾌감과 함께 실망감을 안고 집으로 돌아와 그 유명의사가 지어준 약을 먹고 잠자리에 들었으나 좀체 잠이 오지 않았다.

P 노인은 나도 아는 사람이었는데 이후의 이야기가 재미있다.

P 노인은 다음 날 당장 병원을 옮겨 다른 의사를 찾았다. 그런데 그 의사는 이전 의사와 180도 다르게 편안하고 부드럽게 대해 주더란다.

P 노인은 마음이 움직였고 그날 그 의사가 지어준 약을 먹었는데 마음도 안정이 되며 잠도 잘 자게 되었다.

어떤가. 아마도 실력적인 면에서는 TV까지 출연했던 의사가 높을지 모른다. 하지만 그 의사는 P 노인을 치료하지 못했고, 대신 P 노인을 부드럽게 대해줬던 그 의사가 P 노인을 치료해 줄 수 있었다.

힐링이란 치유를 뜻한다.

치료가 몸을 낫게 하는 것이라면 치유는 마음을 낫게 하는 것이다. 그런데 몸과 마음은 따로 있는 것이 아니라 붙어 있는 것이니 몸을 낫게 하는 데도 치유가 필요하다. 그런 면에서 부드러운 의사가 딱딱한 의사를 이길 수밖에 없다.

마찬가지로 마음이 아픈 사람들과의 대화 속에서 힐링을 유도해 낼 수 있는 사람들도 부드러운 사람일 수밖에 없다.

다음에 부드러운 사람들의 특징을 열거하니 부드러운 사람이 되기 위해 노력하길 바란다.

- 마음이 따뜻하다.
- 급하게 서두르지 않는다.
- 상대의 마음을 헤아릴 줄 안다.
- 내공이 강하다.
- 소통 능력이 뛰어나다.

공감, 동감 대화 – 소통

공감(共感)이란 함께 느끼는 감정이다. 상대가 아플 때 나도 함께 아프고 상대가 기쁠 때 나도 함께 기뻐하는 감정이다.

누군가와 대화할 때 공감을 잘해주는 사람이 있는가 하면 시큰둥한 반응을 보이는 사람도 있다. 이를 공감능력이라 하는데 사람에 따라 차이가 확연히 드러난다.

대개 여자가 남자보다 공감능력이 뛰어나고, 따뜻하고 부드러운 사람이 차갑고 딱딱한 사람보다 공감능력이 뛰어나다.

공감능력이 중요한 까닭은 이것이 소통과 직관적으로 연결돼 있기 때문이다.

공감 없는 소통은 거의 불가능하다. 즉 소통의 전제조건이 공감이기에 공감능력을 키우는 것은 중요한 과제로 다가온다.

흔히 공감능력이 뛰어난 사람들과 대화해 보면 그들은 제스추어와 감탄사에 능한 것을 볼 수 있다. 그들은 아하 그렇구나, 아이고 이를 어째, 안 됐다……. 등의 감탄사에 모션까지 써가며 상대의 말에 감성을 보태준다.

이때 상대는 나의 동지를 얻었다는 느낌에 더욱 힘을 얻어 더 깊은 말을 쏟아놓게 된다. 이렇게 두 사람은 자연히 소통의 단계로 넘어가게 되는 것이다.

앞에서도 이야기했듯 이러한 공감능력은 따듯하고 부드러운 사람이 뛰어나다.

사실 차갑고 딱딱한 사람보다 따듯하고 부드러운 사람의 공감능력이 뛰어날 것은 삼척동자도 알 수 있는 사실이다. 결국 공감능력의 관건은 다시 앞으로 돌아가 따듯하고 부드러운 사람이 되는 것에 있음을 알 수 있다. 따듯하고 부드러운 사람이 되는 것에 대한 팁은 앞의 내용을 참조하기 바란다.

여기에서는 '자소설닷컴'에서 소개하는 공감능력이 뛰어난 사람들이 갖고 있는 언어습관 7가지에 대해 살펴하려 한다.

첫 번째가 "정말 고생했어."이다.

만약 당신이 학부모라면 아이들이 학교 다녀왔을 때 제일 먼저 어떤 말을 해주는가. 한 인성교육 세미나에 참석했다가 이 질문을 받았는데 다음과 같은 대답들이 나왔다.

"수업 잘 들었어?"
"오늘은 뭐 배웠니?"
"오늘 별일 없었어?"

하지만 이 모두는 강사가 원하는 답이 아니었다. 그때 마지막으로 한 학부모가

"저는 '오늘도 수고했어.'라고 말해줘요." 하고 답했다.

그러자 드디어 강사가 고개를 끄덕거려 주었다.

왜 강사는 마지막 학부모의 말에 손을 들어주었을까?

이유는 간단하다. 앞에서 나온 말들은 아이에게 공감해주는 말이 아니었기 때문이다. 대신 '수고했어, 고생했어.'라는 말이야말로 학교를 마치고 돌아온 아이의 마음을 녹여주는 최고의 찬사라 하지 않을 수 없다.

두 번째가 "나라도 그랬을 거야."이다.

이는 이미 말 속에 공감의 뜻이 포함돼 있으므로 더 이상의 부연 설명은 삼가겠다.

세 번째가 "많이 힘들었구나!"이다.

사람은 대부분 힘들 때가 더 많다. 하지만 자신의 힘듦을 몰라줄 때가 많다고 느끼는 것 또한 인간이다. 따라서 상대가 힘들어할 때 이 말 한 마디를 해줌으로써 상대에게 큰 힘을 줄 수 있다.

네 번째가 "괜찮아, 내가 있잖아."이다.

사람이 힘들 때는 누군가에 의지하고픈 마음이 생긴다. 그때 이 말 한마디는 천군만마를 얻은 느낌을 전달해 줄 수 있다.

다섯 번째가 "힘들면 언제든 말해."이다.

이는 네 번째 말보다 한 단계 더 나아간 공감의 말이라 할 수 있겠다.

여섯 번째가 "나도 함께 도울게."이다.

이 말은 네 번째, 다섯 번째보다 현실적으로 더 와 닿는 말이다.

일곱 번째가 "난 항상 널 믿어."이다.

이보다 상대에게 힘을 주는 말이 있을까?

인간은 늘 인정욕구에 굶주려 있다. 그런 상태에서 이런 말을 들으면 속으로부터 힘이 솟구쳐 오를 것 같다.

나의 공감능력이 어느 정도인지 알아보는 테스트가 있다. 인터넷에 아주 많은 종류의 테스트 방법이 있는데 그중 케임브리지 대학 교수가 개발한 RMET 공감능력테스트가 간단하면서 과학적이라 소개한다.

https://kr.vonvon.me/quiz/2561

위 사이트에 들어가 7가지 질문에 답하기만 하면 당신의 공감능력이 어느 정도인지 알아낼 수 있다.

참고로 나는 좋은 것으로 결과가 나타나 의외라는 생각을 했다. 왜냐하면 평소 공감능력이 좀 떨어진다고 생각했기 때문이다. 사실 나는 다른 사람들이 기뻐할 때 기쁘지 않을 때가 있다. 대신 슬퍼할 때 공감하는 능력은 뛰어난 것 같다.

이와 관련하여 우리가 공감능력을 이야기할 때 오해하는 부분이 있어 짚어보려 한다.

솔직히 나는 어떤 사람이 특정 분야나 특정인에게 공감을 잘하는 것에 대해 공감능력이 뛰어나다고 보지 않는다. 왜냐하면 공감이란 뜻이 '함께 느끼는 것'이기 때문이다. 특정 분야나 특정인에게만 느끼는 것이 아니다.

그런데 우리 사회가 돌아가는 모습을 보면 편을 짓고 자기편에 공감하지 않으면 공감능력이 떨어진다 하고, 자기편끼리 공감 잘하는 것을 공감능력이 우수하다고 하고 있는 모양새다. 이것이 깊어지면 사회에 어떤 현상이 생기겠는가. 편이 갈라지고 분열될 것은 뻔한 이치다. 공감능력을 이런 데 갖다 붙여서는 곤란하다. 이것은 공감이 아니라 편애, 집착이란 용어가 적절하다.

소통 역시 마찬가지다. 편을 가르고 자기편끼리 소통 잘하는 것은 소통을 잘하는 게 아니다.

자기편끼리 소통을 누가 못 하겠는가. 소통이 어려운 반대편과도 귀를 열고 소통할 수 있는 능력, 이것이 진정 소통 잘하는 것이라 할 수 있다.

진정 공감능력이 우수한 사람은 자기와 반대편에 있는 사람과 대화할 때 공감할 수 있는 사람이다.

이것이 크게는 정치적으로 적용될 수 있고 작게는 가정에서도 적용될 수 있다. 가정에서 부부 간에 사이가 벌어졌다면 서로가 반대편이다. 부모와 자식 간의 사이가 멀어졌다면 이 역시 반대편이다.

이때 반대편의 이야기에 귀를 열고 이들의 말에 공감해 줄 수 있는 능력, 이것이야말로 진짜 공감능력인 것이다. 만약 어느 누가 이 정도 경지에 올랐다면 이제 공감을 넘어 동감(同感)까지로 승화했다고 칭찬해 주고 싶다.

우리 사회에 이런 진짜 공감, 동감 대화가 많아진다면 지금과 같은 사분오열의 사회는 지나가고 모두가 행복해지는 사회가 오지 않을까 기대해 본다.

내 속에 내가 너무 많아 공감이 힘든 경우

때로는 내 감정에 공감이 들어갈 여유 공간이 전혀 없어 공감이 일어나지 않을 때가 있다. 이때는 먼저 여유 공간을 비우는 것이 중요하다.

실제 나도 평소 공감이 잘 일어나지 않아 고민한 때가 있었다.

교회에 다니기에 첫 시간에는 서로 인사하며 따뜻한 대화를 나누는 시간이 있다. 그런데 어떨 때는 정말 상대와 공감하며 즐거운 마음으로 대화를 나눌 때도 있지만, 어떨 때는 상대가 활짝 웃는 모습으로 다가와도 내 마음은 즐겁지 않고 냉랭한 감정으로 그러나 겉은 억지 웃음을 띠며 상대를 대할 때가 있다.

그때 나는 상대에게 미안하기도 하고 또 왜 이 순간 나는 공감이 잘 일어나지 않을까 하고 고민한 적이 많았다.

그러다 어느 인터넷 카페의 글을 읽으면서 그 이유를 발견할 수 있다.

다음에 '지금은 쉴 때입니다'라는 글을 소개한다.

지금은 쉴 때입니다(출처: 월간 좋은 생각)

방글방글 웃고 있는 아기를 보고도
마음이 밝아지지 않는다면
지금은 쉴 때입니다

아침에 눈을 떴을 때 창문을 비추는 아침 햇살이
눈부시게 느껴지지 않는다면
지금은 쉴 때입니다

오랜만에 걸려온 친구의 전화를 받고
"바쁘다."는 말만 하고 끊었다면
지금은 쉴 때입니다

아름다운 음악을 들으면서도 소리만 들릴 뿐

마음에 감동이 흐르지 않는다면

지금은 쉴 때입니다

슬픈 영화를 봐도 눈물이 나오지 않고

슬픈 연속극을 보면서

각본에 의한 것이라는 생각이 든다면

지금은 쉴 때입니다

오래된 사진첩을 넘기다가

반가운 얼굴을 발견하고도

궁금해지지 않는다면 지금은 쉴 때입니다

친구가 보낸 편지를 받고 그것을 끝까지

읽지 않거나 답장을 하지 않는다면

지금은 쉴 때입니다

사랑하는 사람과 헤어진 뒤

멀어지는 뒷모습을 보기 위해서

한 번 더 뒤돌아보지 않는다면

지금은 쉴 때입니다

아침과 저녁이 같고

맑은 날과 비 오는 날도 같고

산이나 바다에서 똑같은 느낌을 받는다면

지금은 쉴 때입니다

당신은 그동안 참 많은 일을 했습니다.

그러나 가장 중요한 일

한 가지를 하지 않았습니다.

그것은

쉬는 일입니다.

이 글을 읽는 순간, 왜 내가 그 순간 공감능력이 발휘되지 않았는지 그 이유를 알 수 있었다.

내 속에 내가 너무 많았던 것이다. 그래서 그 순간 나는 힘든 상태에 있었고 그러니 상대의 감정에 공감해줄 여유가 전혀 없었던 것이다.

이럴 경우 해결 방법은 내 속에 너무 많이 차지하고 있는 '나'를 쉬어주는 수밖에 없다. 내 속의 '나'는 욕심 때문에 가득 차 있을 수 있고 분노 때문에 가득 차 있을 수도 있다. 때로는 미움 때문에 가득 차 있을 수도 있을 것이다.

인간은 욕심의 동물이기에 쉼이 없으면 어느새 욕심이 내 마음의 공간을 치고 들어와 꽉 채워버린다. 그래서 다른 것이 치고 들어올 여유가 없게 만들어 버린다.

그런 상태에서 공감이도 뭐고 일어날 여유조차 없다.

이럴 때에는 '나의 쉼'이 필요하다. 주말이 있고 쉬는 날이 있는 이유 중 하나도 바로 여기에 있음을 간과하지 말아야 한다.

물론 이런 쉼의 시간이 생겼다고 그냥 아무 생각 없이 쉬기만 한다고 이 문제가 해결되진 않는다.

쉼도 잘 쉬는 쉼이 있고 못 쉬는 쉼이 있다.

만약 쉼의 시간을 다시 내 욕망을 채우는 시간으로 보내면 비록 쉬는 시간을 가졌다 하더라도 내 마음은 하나도 쉰 것이 되지 못한다. 물론 이렇게 쉬면 아무리 쉬어도 공감능력이 향상되지도 않는다.

쉴 때도 잘 쉬어야 한다. 잘 쉰다는 의미의 다른 말은 '재충전'이다.

재충전이란 일이나 생활의 욕심 때문에 소진되었던 인간성을 다시 채우는 시간을 가진다는 뜻이다. 이를 위해 인문학 책을 읽을 수도 있고 사랑하는 사람과 좋은 시간을 보낼 수도 있다. 더 넓은 세상을 보기 위해 여행을 떠날 수도 있다.

이처럼 재충전을 통해 소진된 인간성이 회복된다면 당신의 감정

공간에 다시 다른 사람의 감정이 들어갈 자리가 생긴다. 그때 당신은 상대의 말에 "정말?" 하며 활짝 웃는 얼굴로 공감할 수 있게 될 것이다.

❶ 지는 대화는 차갑거나 딱딱하거나 불통으로 하는 대화다.

❷ 이기는 대화는 따뜻하거나 부드럽거나 소통으로 하는 대화다.

❸ 결국 사람들을 감동시키는 것은 인간이다.

❹ 공감능력은 따듯하고 부드러운 사람이 뛰어나다.

❺ 진정 공감능력이 우수한 사람은 자기와 반대편에 있는 사람과 대화할 때 공감할 수 있는 사람이다.

❻ 인간은 욕심의 동물이기에 쉼이 없으면 어느새 욕심이 내 마음의 공간을 치고 들어와 꽉 채워버린다. 그래서 다른 것이 치고 들어올 여유가 없게 만들어 버린다.

2부

지지 않는 대화

chapter 06

지는 대화의 종류

지지 않는 대화와 지는 대화의 종류

언뜻 듣기에 이기는 대화와 지지 않는 대화는 같은 뜻으로 느낄 수 있다. 이에 대한 오해를 풀기 위해 이 책에서 말하는 지지 않는 대화의 정의에 접근해 보려 한다.

이기는 대화란 앞에서도 이야기했듯 내가 상대를 힘으로 누르고 이기는 것이 아님은 이미 언급했다. 상대에게 좋은 영향을 주는 대화, 그래서 나도 힘을 얻는, 서로가 윈윈하는 대화가 이기는 대화라 했다.

그런데 우리가 일상에서 대화를 나누다 보면 이런 경험에 도달하기란 쉽지 않다. 대개는 그냥 일상적인, 때로는 큰 의미도 없는 평범한 대화를 나눌 때가 더 많다. 그런데 이런 대화에서도 갑을관계는 엄연히 존재하는 것이 현실의 모습이다. 이때 갑은 언변이 좋아 대화를 주도하는 사람이요, 을은 언변이 약해 주로 대화를 따라가는 사람이 될 수 있다.

우리가 현실을 인식할 때 꼭 알아두어야 할 것이 있는데 세상에 평등은 없다는 사실이다. 평등은 분명 좋은 말이고 누구나 원하는 목표지만 실제 현실로 돌아왔을 때 평등은 존재할 수가 없다. 똑같이 태어난 쌍둥이 사이에도 갑을관계가 존재할 만큼 거의 모든 인간관계는 갑을관계로 존재한다.

그런데 이런 갑을관계는 절대성이 아닌 상대성으로 움직인다. 예를 들어 선생님과 학생 간의 관계에서 사람들은 선생님이 갑일 거라 생각하지만 그것은 선생님이 가르칠 때만 적용된다.

학생이 게임을 엄청 잘하는데 선생님도 게임을 배우려 한다면 이때는 갑을관계가 바뀐다. 이런 식으로 두 사람 사이에서도 갑을관계는 절대적으로 한 방향이 아니라 상대적으로 얽히고설켜 있다.

이제 다시 대화로 돌아와 갑을관계를 살펴볼 때 아무래도 대화의 재료가 '말'이다 보니 말 잘하는 사람이 갑이 될 수밖에 없다. 하지만 대화의 주제가 어떤 전문분야로 넘어갔을 때는 이야기가 달라질 수 있다.

골프 이야기가 나왔는데 마침 말을 잘 못 하는 사람이 골프 전문

가고 말 잘하는 사람은 골프의 초짜다. 그러면 이때의 대화는 말을 잘 못 하는 사람이 갑 행세를 하게 된다. 이것이 대화에서 일어나는 갑을 관계의 반응이다.

어쨌든 안타깝지만 대화에서는 늘 갑을관계가 존재하게 된다.

이때 을 입장이 되어 늘 끌려가거나 대화에 주도적으로 참여하지 못하는 경우 열등감도 생기고 심하면 자괴감이 들 수도 있다. 이런 상태는 물리적으로 볼 때 이미 지는 대화를 했다고 볼 수 있다.

또 성격이 지나치게 내성적거나 자신감이 없어서 대화에 잘 참여하지 못하는 경우도 있다. 이때 스스로 열등감을 느끼지 않는다면 상관없겠지만 느낀다면 이 역시 지는 대화를 했다고 하지 않을 수 없다.

한편 분위기 파악을 못 하고 혼자 막 떠들거나 다른 주제의 이야기를 해 분위기를 깨는 사람도 있다. 이는 타인에게 피해를 주었기에 이 역시 지는 대화를 했다고 말할 수 있다.

이 밖에 목소리가 너무 작거나 발음이 부정확해 타인에게 피해를 주는 경우, 뒷담화 남 탓이 주를 이루는 대화, 불평불만만 막 쏟아놓는 대화, 잘난 체하는 대화 등도 누군가에게 피해는 주는 행위이므로 지는 대화의 종류에 집어넣을 수밖에 없다.

지지 않는 대화란 이기는 대화가 아니라 바로 이 같은 지는 대화를 하지 않는 대화이다.

최소한 이기는 대화까지는 못 가더라도 지는 대화는 하지 말아야 한다는 생각에서 지지 않는 대화라는 아이디어를 떠올리게 되었다.

이제부터 지는 대화에 대해 하나하나 살펴보면서 대책에 대해 나누도록 해보자.

내성적 대화

어린 시절, 나는 지나치게 내성적인 성격 때문에 고생을 많이 했다. 오죽하면 당시 국어 선생님이 나를 지칭해 "전교에서 제일 조용한 아이"라고 비꼬았을까.

나는 쉬는 시간 책상에서 벗어나지 못한 채 고개를 책상머리에 푹 처박고 있는 아이였다. 그러던 나는 남자 중학교로 진학했고 여자들과 분리되었다.

명절에 시골 큰집에 갔는데 그곳 아이들은 명절 밤 이웃동네 아이들까지 다 모여 노는 풍습이 있었다.

얼떨결에 나는 사촌의 손에 이끌려 그 자리에 참석하게 되었는데 그곳에 있는 아이들의 반이 여자아이들이었다. 그때부터 내 입에 자물쇠가 채워졌던 것 같다.

그날 마을 공회당에서 밤새도록 놀았는데 나는 귓불까지 벌게진 채 말 한마디 하지 못했다.

아마 내성적 성격의 세계를 모르는 사람들은 내 이야기를 잘 이해하지 못할 수도 있다는 생각이 든다. 내가 이 이야기를 하면 진짜 말 한마디도 안 했냐고 되묻는 사람이 많다.

나는 그때 진짜 밤새도록 말 한마디 못 하고 꿔다놓은 보릿자루처럼 앉아 있었다.

내성적 성격은 일단 남을 지나치게 의식하면서 자기의 부끄러운 모습만 보게 된다. 대화에 끼어들기는커녕 말할 엄두조차 잘 내지 못하게 된다. 그러니 늘 대화 자리만 가면 열등감에 사로잡힐 수밖에 없다. 이것은 정말 고통의 세계다. 오죽하면 어린 시절 나는 이게 너무 고통스러워 죽을 생각까지 했을 정도였을까.

내 경우는 조금 극단적인 면이 있고 조금 내성적인 사람들도 있을 것이다. 이러한 내성적 성격으로 대화에 장애를 겪고 있다면 이는 반드시 개선해야 한다.

왜냐하면 사회생활을 하려면 인간관계를 맺어야 하고 인간관계는 대화로 이루어지기 때문이다.

내성적 사람들의 개선책으로 소극적 방법과 적극적 방법을 들 수 있겠다.

소극적 방법으로는 당장 성격을 어찌할 수 없으므로 나름 장점을 살리는 법이 있다. 내성적 성격이기에 어차피 대화 분위기를 주도할 수 없으므로 주도권에 끼려는 생각보다 잘 듣는 쪽을 택하라는 것이다.

말 잘하는 사람의 가장 큰 약점이 무엇인지 아는가. 그들은 잘 듣지 못한다. 자기 말하는 생각에 가득 차 있기 때문이다. 이는 내가 실전에서 무수히 경험해본 것이므로 믿어도 좋다. 하지만 내성적인 사람들은 말을 잘 못 하는 대신 듣는 것은 잘할 수 있다.

잘 듣는다는 것은 단지 무표정으로 가만히 듣는다는 것을 뜻하지 않는다. 앞에서도 이야기했던 감탄사 같은 추임새와 제스추어 정도는 억지로라도 넣어주는 연습을 해야 한다. 이렇게 잘 들어주다 보면 나를 대하는 상대의 태도도 조금씩 달라진다. '어, 이 사람이 이런 것도 하는구나.' 하고 생각하게 되는 것이다.

처음이 어렵지 한번 시작하고 나면 나중에는 나를 그런 사람으로 취급해버리니 자연스럽게 할 수 있다. 이렇게 듣는 것이 쌓이다 보면 자신의 내공도 함께 쌓인다. 그래서 나중에는 자신도 대화에 주도적으로 참여하는 사람으로 변해갈 수 있게 되는 것이다,

적극적 방법은 아예 내성적 성격 개조에 나서는 것이다.

성격을 어떻게 개조할 수 있느냐고 반문하는 사람들을 위해 다음에 성격 개조 방법을 소개한다.

〈돈을 버는 습관〉 성격, 얼마든지 수정할 수 있다 중에서

심리학자들에 의하면 성격이란 타고난 기질과 환경의 영향이 뒤섞여 만들어진 산물로 고착화된 것이라고 말한다. 물론 맞는 말이다. 하지만 성격은 또한 변화될 수 있는 것이기도 하다. 왜냐하면 주변에 얼마든지 그러한 예가 넘쳐나기 때문이다. 성격이 좋던 사람이 갑자기 환경변화에 따라 나빠지기도 하고 나이 들면 여자가 남자 성격으로, 남자가 여자 성격으로 변하기도 하지 않은가.

개그맨 이봉원 씨가 성격을 개조한 대표적 인물이다. 그는 지독히도 내성적인 성격 때문에 학교생활도 힘들 정도라고 했다. 그런 그가 어떻게 대한민국 최고의 개그맨 자리에 오를 수 있었을까?

이봉원은 이대로는 도저히 살 수 없다는 생각에 중대결심을 한다. 성격을 한번 바꿔보겠다고! 결심과 동시에 기회가 왔다. 마침 고등학교 진학을 했는데 자기를 아는 친구들이 거의 없었다. 이봉원은 기회가 왔다는 생각에 교실 앞으로 나가 코미디언 흉내를 낸다. 그러자 아이들이 배를 잡고 깔깔대지 않는가.

이봉원은 자신감이 확 올라 그때부터 친구들에게 외향적 성격처럼 행동했다. 이봉원의 본 모습을 모르는 친구들은 의심하지 않고 이봉원을 따랐다. 그렇게 이봉원은 자신의 성격을 바꿀 수 있었으며 훗날 최고 개그맨 자리까지 오른다.

이 외에도 성격을 바꿨다는 사람은 많다. 성격이란 이처럼 바꿀 수 있는 것이다.

〈누구나 성격 바꿀 수 있다〉를 쓴 고코로야 진노스케는 성격을 이렇게 정의하였다.

"성격은 파트(part)'라는 마음 프로그램의 집합체이다. 세상에 나면서부터 경험하게 되는 갖가지 사건, 들은 이야기, 반복된 일을 통해 파트가 만들어져 마음속에 정착되고, 이들 파트의 집합체가 '가장 빈번하게 반응하는 패턴'을 통해 그 사람의 성격으로 자리 잡는다."

그럴듯한 논리적 접근이다. 실제 어떤 사람은 내성적이면서도 화를 낼 때는 폭발적이다. 또 소심하고 낯가림이 많지만 어떤 일에는 열정적으로 달려들며 허둥댄다. 결국 이 사람의 성격은 이 많은 부분들이 모여 만들어지는 셈이 된다.

고코로야 진노스케는 이러한 성격을 한꺼번에 바꾸려 하지 말고 하나씩 하나씩 마치 컴퓨터 프로그램을 삭제하고 다시 생성하는 것처럼 성격의 부분들을 지우고 새로운 성격으로 바꿀 수 있다고 말한다.

나는 진노스케의 주장에 동의하지만 생각이 다른 부분도 있다. 컴퓨터 프로그램처럼 새로운 성격을 생성시키는 것은 가능하지만 기존의 성격을 완전히 삭제하는 것은 불가능하다고 생각하기 때문이다. 즉 기존의 내 성격이 A라 하고 바꾸고 싶은 성격을 B라 했을 때 내 노력어하에 따라 바뀌는 내 성격은 B가 아니라 기존 A의 성격에 새로운 B의 성격이 추가된 A + B가 되는 방식이다.

이를 식으로 표현하면 다음과 같다.

C(변화된 성격) = A(기존의 성격) + B(새로운 성격)

즉 기존의 내 성격에 새로운 성격이 추가되는 방식으로 내 성격이 변하는 것이다. 어떤가? 성격이 이처럼 변화 가능한 것이라면 한번 도전해 보고 싶지 않은가. 동양 역학에서도 팔자란 고정된 것이 아니라 성격을 바꾸면 운명도 바꿀 수 있다고 했다. 그러니 자신의 성격에 문제가 있다고 생각된다면 당장 성격 수정에 도전해 보기 바란다.

실제 나도 위와 비슷한 방법으로 성격을 바꾸는 데 성공했다.

이봉원 씨처럼 고등학교에 진학했을 때 나를 아는 친구들이 거의 없어 한번은 큰 마음 먹고 친구들과의 대화에 끼어들었는데 친구들이 막 웃어주었다. 그게 계기가 되어 어느 정도 사람들과 잘 어울리고 말도 재미있게 잘하는 성격을 만들 수 있었다. 물론 내성적인 성격이 완전히 외향적인 성격으로 바뀌는 것은 거의 불가능하다. 하지만 위 공식 C(변화된 성격) = A(기존의 성격) + B(새로운 성격)처럼 기존의 성격에 더하여 새로운 성격을 만들어내는 것은 얼마든지 가능하다. 혹 내성적 성격 때문에 고민하는 사람이 있다면 당장 도전해 보기 바란다.

끊어지는 대화

당신은 대화중에 혹시 대화가 끊어져 정적이 흐르는 경험을 한 적이 없는가. 두 사람 사이라도 어색할 일인데 여러 명이 모인 자리에서 이런 일이 생기면 어색함은 이루 말할 수 없다.

물론 이런 상황은 대부분 대화 주도자가 재빨리 눈치 채고 말을 이음으로써 해소되지만, 그 정적의 어색한 기억은 좀체 사라지지 않는다. 그런 면에서 끊어지는 대화 역시 우리가 조심해야 할 부분이다.

대화 도중 대화가 끊어지는 이유는 무엇일까?

당연히 이야기거리가 끊어지기 때문이다. 이야기거리가 끊어지는 이유는 대화에 뭔가 문제가 발생했기 때문이다. 대화가 흐르는 것을 혈액에 비유한다면 혈액이 흐르다가 어딘가에 막혀 흐르지 못하는 상황에 비유할 수 있다.

만약 두 사람 간에 대화가 이루어지고 있었다고 가정해 보자. 그런데 한 사람만 일방적으로 이야기하고 상대는 계속 추임새 정도만 넣고 있다. 이때 대화는 끊어질 가능성이 매우 높다.

A: "오늘 영화 봤는데 엄청 재미있더라."

B: "와 그랬구나."

A: "주인공이 연기를 엄청 잘해."

B: "그랬니."

A: "너도 꼭 봐."

B: "응."

위 대화를 보면 A는 이어지는 대화를 하는데 B는 계속 끊는 대화를 한다. 이래서는 A가 이야기를 이어가기 힘들다. 중간에 대화가 끊어질 확률이 매우 높다. 이를 예방하는 방법으로 B처럼 끊는 대화를 해서는 안 된다.

"와 그랬구나." 대신 "어떤 내용이었는데?"라고 대꾸했다면 대화는 더 풍성하게 진행되었을 것이다.

이 외에 하나의 주제를 계속 이야기하는 것도 문제를 일으킬 수 있다. 화젯거리가 바닥나면 대화가 끊어질 수 있기 때문이다.

이때의 분위기는 어느 정도 감지할 수 있으므로 화젯거리가 바닥난다 싶을 때 재빨리 그 내용 중에서 다른 화젯거리로 전환할 수 있는 이야기거리를 찾아 던지면 단번에 대화가 이어지게 할 수 있다.

대화의 끊김에서 중요한 것은 무엇보다 친밀도다. 만약 절친한 사이라면 대화가 좀 끊긴다고 어색한 분위기가 감지되지는 않기 때문이다. 대화가 끊어져 어색함이 감도는 것은 아직 더 친밀해져 가는 단계에 있기에 발생하는 현상이다. 그러니 그런 관계끼리의 대화라면 좀 더 노력하여 대화가 끊어지는 일이 자주 생기지 않도록 하는 것이 좋다.

자신감 없는 대화

회사에 다니던 시절, 한 신입이 들어왔는데 목소리가 그리 작을 수 없었다. 가뜩이나 난청이 좀 있던 나로서는 답답한 노릇이었다. 그래서 원래 목소리가 작은지 물었더니 고개를 끄덕거렸다. 목소리 좀 크게 낼 수 없느냐고 하니 빤히 쳐다보기만 했다.

그 친구의 모습은 작달막한 키와 왜소한 체격에 항상 어깨가 축 처져 있고 허리가 구부정했다. 명문대를 나온 친구였는데 왜 저럴까 하고 생각했는데 나름 사연이 있었다.

어려운 가정에서 자랐고 특히 외모에 대한 열등감이 심했다.

객관적으로 여자로서 매력적으로 보이는 외모는 아니었다. 그런데 한 여직원으로부터 여자들은 외모가 삶에 중요한 위치를 차지한다는 귀띔을 듣고서야 그녀를 이해할 수 있었다.

대화를 할 때 자신감 없이 뒤로 물러서며 목소리가 기어들어가는 사람이 있다. 이런 행동이 쌓이다 보면 관성에 의해 더욱 자신감이 결여되고 목소리가 작아지게 된다. 이는 성격과도 연관이 있지만 지나친 열등감이 가장 큰 원인이다.

사실 인간은 평생 열등감, 비교의식에서 벗어날 수 없는 존재다. 많은 사람들이 열등감, 비교의식을 없애는 방법으로 자기보다 낮은 곳을 보라 하지만 열등감, 비교의식은 이렇게 없어질 수 있는 성질이 아니다.

열등감, 비교의식을 없앨 수 있는 최고의 방법은 자신이 가장 높은 곳에 올라가면 된다. 하지만 한 분야의 최고는 있을 수 있어도 모든 분야의 최고는 지구상에 존재하지 않는다.

한국 경제의 최고 수장인 이건희 회장도 자식이 모두 잘되고 편안한 가정을 보면 열등감, 비교의식을 느낄 수밖에 없듯이 말이다.

인간은 본질적으로 어느 부분은 위이지만 어느 부분은 아래다. 그래서 늘 열등감, 비교의식은 존재할 수밖에 없다.

그렇다면 어떻게 열등감, 비교의식의 문제를 해결할 수 있을까?

물질적 방법으로는 불가능하고 정신적 방법으로 가능하다. 즉 세상을 바라보는 내 시각을 바꾸는 것이다. 좁은 내 시각을 넓혀 전체의 시각으로 보면 세상은 열등+우등=세상으로 구성된 곳임을 이해할 수 있다.

또 어느 누구도 열등으로만 구성된 사람도 없고 우등으로만 구성된 사람도 없는 곳이 세상이다. 아무리 열등한 사람도 어느 부분에서는 반드시 우등이 있다.

세상에 열등과 우등이 존재하는 이유는 우등은 열등을 보완해주기 위함이고 열등은 보완받기 위함이다.

이것이 우등과 열등이 존재하는 본질적 이유다. 절대 우등은 잘남을 뽐내기 위함이거나 열등은 못남에 사로잡히기 위함이 아님을 명심해야 한다.

또 열등은 부분적인 것이며 따라서 열등자도 자신의 우등한 부분으로 열등을 보완하여 세상에 기여할 수 있다.

이런 시각으로 세상의 우등과 열등을 이해하고 받아들이면 열등감, 비교의식을 가질 필요가 없어진다. 오히려 내 우등한 부분으로 세상에 어떻게 덕을 끼칠지, 또 열등한 부분을 보완하여 세상에 어떻게 이로움을 줄지 더 큰 생각으로 나아갈 수 있게 된다.

리듬을 깨는 대화

요즘 유튜브가 대세라 유튜브 방송을 자주 본다. 그런데 한번은 조금 거슬리는 장면을 보게 되었다.

한 1인 방송가가 길거리 시민과 인터뷰를 하는데 시민이 말하는 도중에 1인 방송가가 딴 짓을 했다. 다른 지나가는 사람들이 알아보고 인사를 하자 그쪽으로 시선을 돌려 인사를 받은 것이다.

처음 한 번은 그럴 수 있겠다 싶었는데 짧은 인터뷰 도중 이런 장면이 제법 여러 번 나왔다. 그야말로 인터뷰의 리듬은 다 깨져 버렸고 인터뷰에 응한 시민이 좀 우스운 꼴이 돼 버렸다.

나만 그렇게 본 걸가 싶어 댓글을 봤더니 이에 대해 지적한 글들이 쫙 올라왔다.

리듬을 깨는 대화는 끊기는 대화보다 오히려 더 거슬리는 장면을 연출한다. 그래서 더욱 문제가 된다.

리듬을 깨는 대화의 첫 번째는 위의 예처럼 대화 도중 딴 짓을 하는 것이다.

왜 대화 도중 딴 짓을 하게 될까?

주위가 산만하거나 기본적 예의가 없는 것도 있겠지만 근본적으로는 대화하는 상대를 존중하지 않기에 일어나는 일이다. 상대를 존중한다면 절대 대화 도중 딴 짓을 할 수가 없다. 상대 존중이 일어나지 않는 이유는 자기중심적 생각에 사로잡혀 있기 때문이다.

이럴 때는 다시 마음을 가다듬고 상대를 지긋이 바라보며 존재감을 확인하는 작업이 필요하다.

또 대화의 리듬을 깨는 행동이 있는데 상대가 말하는 도중에 끼어드는 행위다. 이런 일은 너무 잦으므로 부연설명이 필요 없을 듯하다. TV 토론 프로그램을 보다 보면 이런 장면을 쉽게 목격할 수 있는데 대개 이런 일은 자기주장이 앞설 때 일어난다. 상대 이야기를 듣다 보니 얼토당토않은 이야기다. 끝까지 들을 필요가 없으므로 급한 마음에 자신도 모르게 말 중간에 끼어든 것이다.

또 성격이 급한 사람들도 이런 실수를 종종 범한다. 그냥 평범한 이야기를 하는데도 자기 생각에 사로잡혀 말 중간에 툭툭 끼어든다. 말 도중에 끼어드는 행위가 얼마나 기분 나쁜지는 당해본 사람은 안다. 당하기는 내가 당한 건데 괜히 무안하기도 하고, 또 기분도 상한다.

이와 같은 말 중간에 끼어들기는 자기중심적 생각에 그 원인이 있으므로 대화할 때는 이를 내려놓는 연습을 해야 한다.

대화는 나 혼자 하는 게 아니라 나와 네가 하는 거룩한 행위다.

이것을 꼭 명심해야 한다.

분위기 파악 못 하는 대화

보통 눈치 있는 사람이라면 대화의 분위기를 어느 정도 파악하게 된다. 하지만 소수에서는 분위기 파악 못 하는 대화가 일어나고는 한다.

지인 중 한 사람은 대화할 때 항상 눈총을 받는다. 늘 대화의 분위기와는 전혀 빗나간 이야기를 하기 때문이다. 본인도 이 사실을 많은 사람들에게 지적받아 알고 있지만 잘 고쳐지지 않는다고 하소연한다. 그러면서도 여전히 분위기 파악 못 하는 대화를 하고 있다.

분위기 파악 못 하는 대화란 사람들은 A를 이야기하고 있는데 혼자만 B를 이야기하는 것이다. 그런데 그 B는 상대가 전혀 관심 있어 하는 분야가 아니다. 그런데도 본인은 거의 신들린 것처럼 그것을 떠들어댄다. 이때 상대 귀에 그 이야기는 시끄러운 소음 그 이상도 이하도 아닌 것이 되고 만다.

위의 예처럼 명확하게 분위기에 벗어난 대화도 있지만 애매하게 분위기를 깨는 대화도 있다. 예를 들어 한참 일상적인 이야기를 하는데 마침 그게 정치권과 관련된 부분이라 갑자기 정치 이야기를 꺼내는 사람이 있다.

문제는 우리나라 정치란 것이 좌우로 나뉘어 첨예하게 대립되어 있는데 혼자 정치색 짙은 이야기를 꺼내 버리면 상대가 곤란한 상황에 빠지게 된다.

이와 비슷한 경우로 종교 이야기를 꺼낼 때도 마찬가지다.

종교의 자유가 있는 나라지만 각자의 종교가 다르기에 종교 이야기는 정말 조심해서 꺼내야 한다. 그럼에도 분위기 파악 못 하고 종교 이야기를 꺼내 막 전도까지 하려 들면 난처한 상황이 되고 만다.

따라서 정치와 종교 등 민감한 주제를 다루게 될 때는 최대한 조심하는 게 좋다. 꼭 이야기를 해야 할 경우 상대의 정치나 종교 성향을 물어본 후 그에게 피해를 주지 않는 선에서 해야 한다. 선을 넘을 경우 분위기를 깨는 것이 되고 만다.

분위기를 깨는 문제의 핵심도 사실상 자기중심적 사고에 있다. 상대의 입장을 고려하지 않은 채 자신의 주장만을 생각하고 있으니 분위기 파악을 못 한 채 엉뚱한 이야기를 치고 들어오는 것이다. 명심해야 한다.

대화 분위기를 파악 못 하는 일은 분수(分數) 모르는 사람이나 하는 행동이란 사실을!

발음이 부정확한 대화, 목소리 문제

나는 경상도 사람이다. 경상도 중에서도 서부 경남인 진주 태생인데 이곳의 사투리가 약간 전라도 영향을 받아서인지 말이 빠르고 발음도 부정확한 경우가 좀 있다. 나 역시 거기에서 자유롭지 못하다.

무엇보다 아버지 영향을 많이 받은 듯하다. 아버지는 지금도 어머니에게 발음 문제로 지적받고 사신다.

사실 고향에 살 때는 내가 발음이 부정확한지 잘 몰랐다. 그러다 처음 서울에 왔을 때 서울말이 너무 부드럽게 들려 간드러지는 줄 알았다.

문제는 서울말이 아니라 내 말이었다. 사람들이 내 말을 잘 알아듣지 못해 항상 두 번씩 큰 소리로 말해야 했다. 다행히 지금은 어느 정도 교정되어 한 번만 말해도 되는 생활을 이어가고 있다.

그런데 내 발음 문제가 내 아이에게 전이될 줄은 미처 몰랐다.

아이들은 서울에서 태어나고 자랐으므로 모두 서울말을 쓴다. 그런데 서울말을 쓰는 큰아이 녀석 발음이 영 시원찮다. 아빠인 내가 가끔 두 번씩 들어야 할 정도다.

아내는 내 탓을 하지만 씁쓸한 내 마음까지 이해하진 못한다. 아이에게 몇 번 교정을 시도해 봤지만 아직은 잘되지 않는다. 결국 본인이 깨달아야 해결될 문제라 여기고 있다. 다행히 친구들과의 소통은 잘되는 것 같아 아직은 지켜보고 있다.

발음이 부정확한 대화는 상대에게 피해를 주므로 지는 대화가 될 수밖에 없다. 원인은 발음에 있으므로 당연히 발음을 교정해야 한다. 이를 위한 몇 가지 팁을 소개하면 다음과 같다.

- 천천히 또박또박 말하는 습관을 익힌다.
- 처음 시작과 마지막 끝맺음 말을 정확히 하는 습관을 익힌다.
- 발음이 샌다면 입에 볼펜을 물고 말하는 연습을 한다. 요즘은 입에 물고 발음 연습하는 좋은 발음 교정기가 많이 나와 있으므로 이를 활용할 수도 있다.
- 발음 문제가 심각하다면 당장 스피치 학원에 등록할 것을 권장한다. 스피치 학원에 가면 발음 문제뿐 아니라 발성 연습, 사투

리 교정, 목소리 교정, 말더듬 치료까지 말하는 문제와 관련된 전반적인 교정을 받을 수 있다.

여기에서 발음과 더불어 목소리 문제를 덧붙이고자 한다. 사실 대화하는 데 있어 목소리도 아주 중요하다. 좋은 목소리가 상대에게 좋은 영향을 줄 것은 뻔한 이치다. 반대로 나쁜 목소리는 상대에게 불쾌감을 준다. 따라서 좋은 대화를 하고자 한다면 내 목소리를 점검해 보는 것도 꼭 필요하다.

성상이란 말이 있다. 얼굴의 상이 관상이라면 목소리의 상이 성상이다.

예로부터 성상은 오상(관상, 성상, 동상, 체상, 심상) 중 하나로 중요히 여겼다. 관상이 좋으면 인생이 잘 풀리듯 성상이 좋아도 인생이 잘 풀린다.

좋은 성상이란 목소리가 맑고 은은하며 발음이 부드럽고 정확하다. 또 그 말이 천해 보이지 않고 예를 갖추고 있으며 상대를 깊이 배려하고 존중해줄 줄 안다.

다음에 좋은 목소리를 내는 방법을 소개하니 참고하기 바란다.

〈돈을 버는 습관〉 좋은 성상이 돈을 부른다 중에서

먼저 목소리가 어떻게 나는지 그 원리를 아는 것이 중요하다.

폐에서 공기가 나와 성대를 통과하면서 소리가 만들어지고 이것이 입으로 전달되면서 말이 형성되어 밖으로 나온다. 이때 중요한 것은 폐에서 공기를 올려주는 힘과 성대를 통과한 소리가 입으로 전달될 때 비강(코 뒤쪽에 있는 울림 공간)에서 울려주는 힘이다. 이 두 힘이 고르게 전달될 때 가장 아름다운 목소리가 나올 수 있는 것이다.

목소리가 좋지 않은 대부분의 사람들은 폐에서 공기를 올려주는 힘이 약하거나 비강이 울려주는 힘이 약한 경우다. 그래서 콧소리가 나거나 아기같이 높고 가는 소리가 나거나 탁한 소리가 난다. 사람들이 가장 듣기 좋은 소리는 맑고 투명한 중저음이다.

폐에서 공기를 올려주는 힘을 연습하기 위해서는 복식호흡을 하는 것이 좋다. 복식호흡이란 숨을 쉴 때 천천히 배꼽 아래까지 들이마시고 다시 천천히 배꼽 아래부터 내쉬는 호흡을 말한다. 이것을 매일 아침, 저녁으로 생각날 때마다 해주면 드디어 호흡에 힘이 실려 힘 있는 목소리가 나오게 된다.

대부분 좋지 않은 목소리는 비강이 충분히 울려주지 못해 나타난다. 지금 자신이 내는 목소리가 목이나 코에서 나온다고 느끼면 이미 비강이 충분히 울려주지 못하는 상태라고 보면 된다.

비강에 힘을 주는 연습은 입을 닫고 "음~~~." 하는 소리를 내면서 비강의 울림을 계속 느껴보는 방법이 있다. 이때 비강의 울림을 제대로 받으면 소리가 머리까지 전달되는 느낌이 든다. 흔히 성악가들이 발성 연습을 할 때 두성을 내라 하는데 이것이 바로 비강의 울림을 충분히 울려주는 소리를 내라는 뜻과 유사하다. 비강이 제대로 울리는 목소리는 소리가 목이나 코에서 나오는 느낌이 아니라 코 위 머리 쪽에서 나오는 느낌이 난다.

뒷담화, 남 탓 대화

남의 허물을 뒷담화하고 무슨 일 생기면 남 탓을 하는 건 인간의 기본생리인 듯하다. 나 또한 한때는 이런 증상이 매우 심했었다. 그래서 죽이 맞는 사람과 만나면 종일 시간가는 줄도 잊은 채 뒷담화하기도 했었다.

이런 나를 일깨운 건 아내다. 내가 흥분해 아내에게 뒷담화 이야기를 할라치면 아내는 맞장구 대신 당신 그 버릇 고치라며 호통을 쳐주었다. 사실 뒷담화가 나쁜 건 뒷담화 후 기분이 찝찝한 것으로 이미 증명된다. 뒷담화 대상이 된 그 사람에게도 왠지 정의롭지 못한 기분이 든다.

나는 그 후 노력으로 어느 정도 뒷담화는 줄일 수 있었으나 남 탓

버릇은 좀처럼 지우기 힘들었다. 내가 남 탓을 꼭 지워 나가야 한다고 생각한 이유는 뒷담화의 근본원인이 남 탓에 있을 뿐 아니라 어떤 문제가 생겼을 때 남 탓이 문제해결에 접근하기는커녕 문제를 더 키운다 생각되었기 때문이다.

무엇보다 남 탓은 내가 더 나은 사람으로 변화하고자 할 때 나의 변화를 막는 가장 큰 주범이 된다. 문제의 원인을 남 탓으로만 돌려 나를 보지 못하게 만들기 때문이다.

나는 남 탓을 지우기 위해 부단히 노력해왔다. 그중 하나의 지식에 필이 꽂혔다. 허경영 씨 강의 중 '세상은 내 거울이다.'라는 내용을 들을 때였다.

내 눈에 보이는 모든 것이 사실은 거울처럼 내 모습을 반영한다는 뜻이다. 이런 이야기는 대부분의 진리강의에서 강조하는 대목이다.

이성계가 무학 대사와 길을 가던 중 무학 대사의 통통히 살이 오른 뒤태를 보면서 장난기가 발동해 질문했다.

"지금 내 눈에 대사가 무엇으로 보이는지 아시오?"

갑작스런 질문에 무학 대사는 왕의 눈에 자신이 어떻게 비칠지 궁금해 귀를 종긋 세웠다. 그때 이성계가 말했다.

"허허, 통통한 돼지로 보입니다."

한 나라 최고의 대사에게 돼지라 하니 아무리 도 닦은 무학 대사라 하지만 기분이 좋을 리 없었다. 이에 무학 대사도 지지 않을세라 질문했다.

"허허, 그렇습니까. 그럼 제 눈에는 폐하가 무엇으로 보이는지 아십니까?"

이성계는 멈칫 하며 대사의 입에서 어떤 말이 흘러나올지 기다렸다. 그러자 무학 대사가 다음과 같이 말했다.

"제 눈에는 폐하가 부처로 보입니다."

이성계는 속으로 놀랐다. 자신은 농담으로 한 말인데 자신을 왕보다 위인 부처로 봐주다니! 은근히 기분이 좋아진 이성계가 찬찬히 그 이유를 물었다. 그랬더니 무학 대사가 남긴 말이 다음과 같은 유명한 말이다.

"돼지 눈에는 돼지가 보이고 부처 눈에는 부처가 보이는 법입니다."

아마도 이 말을 들은 이성계의 일그러진 표정이 눈에 선히 보인다. 되로 주고 말로 받은 셈이 된다. 자기는 부처이기에 이성계가 부처로 보였고 이성계는 돼지였기에 자기를 돼지로 보았다는 이야기가 되니 말이다.

그런데 무학 대사의 "돼지 눈에는 돼지가 보이고 부처 눈에는 부처가 보인다."는 말은 심오한 진리가 담겨 있다.

지금 내 눈에 좋지 않은 게 보인다면 내가 그 상태와 관련 있기에 자연이 그걸 보게 해준다는 이야기다. 따라서 그 대상 탓을 하고 있는 건 어리석은 행위다.

그 장면을 교훈 삼아 나를 돌아보고 나를 변화시키기 위해 노력해야 한다. 이를 깨닫는다면, 어떤 문제에 대해서도 더 이상 남의 탓을 하지 않게 된다. 모든 환경이 내 거울이기 때문이다. 그래서 만약 내가 부처의 경지에 다다르면 더 이상 내 눈 앞에 어렵다고 생각되는 장면은 보이지 않는다.

이유는, 모든 장면을 이해의 눈으로 바라볼 수 있기에 모든 환경을 받아들이고 흡수할 수 있게 되기 때문이다.

영혼 없는 대화

언젠가 모임의 여자와 대화하는데 갑자기 이런 말을 툭 던지지 않는가.

"쳇, 영혼 없는 대화하고 있잖아요."

순간 한 대 맞은 느낌이었다. 사실 그때 그녀에게 기쁜 일이 생겼는데 내가 받아준다고 "와! 정말 기쁘겠네요." 하고 반응했었다. 하지만 사실 속으로는 딴 생각을 하고 있었는데 그녀의 일이 내 속으로는 '저리 기쁜 일인가.' 하고 의문을 던지고 있었기 때문이었다. 즉 내 솔직한 표현으로 하자면 "그게 그리 기쁜가요?"라고 말을 던졌어야 옳았다. 하지만 그런 말을 던졌다가는 자칫 인간관계가 깨질 수 있으므로 형식상 영혼 없는 말을 던졌던 것인데 기가 막히게 알아챈 것이다.

사실 인간은 영혼의 동물이다. 모든 생물 중 인간만 영혼이 있다고 하지 않는가. 영혼이라 말하니 현대과학을 믿는 사람들은 미신으로 치부할 수도 있겠지만 인간에게는 마음만 있는 게 아니라 마음보다 더 밀도 높은 영혼이 있다. 그래서 좀 더 의미가 깊은 이야기를 던질 때는 마음 대신 영혼이란 단어를 쓴다.

인간은 영적 동물이기에 상대가 영혼 없이 말하는지, 영혼을 담아 말하는지 이미 눈빛, 느낌, 촉으로 알아챈다. 그녀가 내 영혼 없는 말을 알아챘듯이.

영혼 없는 말이란 진심이 담겨 있지 않은 말이다.

인간의 근본은 진심을 갈구한다. 그래서 상대가 진심을 담아 말하면 거기에 빨려든다.

나도 내 진심을 내놓는다. 반대로 상대가 진심이 담겨 있지 않는 말을 하면 나도 내 진심을 내놓지 않는다. 이것이 인간의 속성이다.

그런 점에서 영혼 없는 말을 던지는 것은 이미 지는 대화에 합류하고 있음을 알아야 한다. 앞에서 대화의 본질은 서로가 이로움을 얻기 위함이라 했다. 어쩌면 대화야말로 인간이 하는 활동 중 가장 고귀한 것일 수 있다. 그런 대화를 영혼 없이 소홀히 다룬다는 것은 나에게도 상대에게도 큰 손실이다.

이제부터라도 대화에 합류할 때 내 영혼을 담은 말을 꺼내는 연습을 해보자.

어떻게 내 영혼을 담을 수 있을까?

대화의 상대를 보는 눈을 길러야 한다. 그가 얼마나 소중한 존재인지, 나에게 중요한 존재인지 이해하도록 해야 한다. 그때 상대를 존중하는 마음이 생기고 내 영혼을 담은 말을 꺼낼 수 있을 것이다.

Think episode

〈핵심 문장 정리〉

❶ 지지 않는 대화란 이기는 대화가 아니라 지는 대화를 하지 않는 것이다.

❷ 열등과 우등이 존재하는 이유는 우등은 열등을 보완해주기 위함이고 열등은 보완받기 위함이다.

❸ 대화는 나 혼자 하는 게 아니라 나와 네가 하는 거룩한 행위다.

❹ 대화 분위기 파악 못 하는 일은 분수(分數) 모르는 사람이나 하는 행동이다.

❺ 돼지 눈에는 돼지가 보이고 부처 눈에는 부처가 보인다.

chapther 07
지지 않는 대화의 비결

지지 않는 대화의 비결

지금까지 지는 대화의 종류와 그 해법에 대해 살펴보았다. 사실 이 외에도 지는 대화는 무수히 많다. 대화를 통해 갈등이 유발되는 대부분의 대화가 지는 대화에 포함된다.

상대가 대화중에 불평불만을 쏟아놓을 때 짜증이 난다. 이런 상태에서 정상적 대화는커녕 정상적 관계도 무너질 판이다. 이런 일이 어찌 불평불만뿐이겠는가. 상대가 나를 비판하는 공격적 말을 던질 때, 상처를 주거나 조롱하는 말을 던질 때 억장이 무너져 내린다.

그러나 이런 일은 역으로도 얼마든지 일어날 수 있다. 내가 가해자가 되어 상대에게 불평불만을 쏟아놓고 비판하고 조롱하고 상처 주는 주범이 될 수도 있다. 이런 대화는 모두 지는 대화가 되고 만다.

지지 않는 대화의 비결은 이런 부정적 상황에서 내 화를 토하지 않고, 또는 상대의 화를 북돋우지 않고 지혜롭게 이끌어가는 대화다. 그러나 인간은 감정의 동물이기에 이런 극단적 상황이 발생하면 누구나 정상적 상태를 벗어날 수밖에 없다.

그럼에도 불구하고 이 책에서는 그런 상황에서 지혜롭게 나를 다스려가는 방법에 접근해 보려 한다. 여기에 나오는 지지 않는 대화의 비결을 실제 상황에 적용해 본다면 분명 좋은 성과를 거두리라 기대한다. 내가 이미 경험해 본 지식들이기 때문이다.

상대가 불평불만을 쏟아놓을 때의 대처법

상대가 나에게 불평불만을 쏟아놓으면 우선 드는 마음은 짜증일 것이다. 짜증이 생기는 이유는 불평불만의 원인을 상대에게 돌리는 까닭이다.

우리 집 같은 경우 주로 아내로부터 불평불만이 많이 터져 나온다. 그것은 아내 마음에 들지 않게 우리 집 남자들이 행동하기 때문이다. 이때 아내가 하는 불평불만은 또 다른 용어로 '잔소리'가 될 것이다.

사실 여자의 잔소리는 수천 년 내려온 유전인자에 기인한 탓도 있을 것이다.

과학적으로 남자보다 여자의 유전인자가 더 우수한 것으로 밝혀졌다. 염색체 수도 남자보다 한 개 더 많은 게 여자이지 않은가. 그러다 보니 생활 현상을 보는 눈이 남자보다 예리할 수밖에 없다. 남자의 눈에는 분명 보이지 않는데 여자의 눈에는 그게 보인다. 그래서 여자가 지적을 하는데 이때 남자가 그것을 들어주면 사실 게임 끝이다. 가정은 더욱 좋아지고 해피한 삶이 이어질 것이다.

그런데 이렇게 흘러가는 가정은 거의 없다. 여자의 잔소리를 들으면 남자는 발끈한다. 또는 한쪽 귀로 듣고 한쪽 귀로 흘러버린다. 여기에서 문제가 발생한다. 여자는 했던 잔소리를 또 하고 결국 불평불만으로 이어져 심하면 다툼으로까지 발전한다.

남자가 여자의 잔소리를 듣기 싫어하는 것은 우리 아이들만 봐도 쉽게 알 수 있다. 엄마가 조금만 잔소리해도 표정부터 일그러진다. 나역시 마찬가지였다. 무려 20년 동안 잔소리를 듣고 왔으니 오죽하랴. 이 때문에 싸우기도 많이 했고 심할 땐 며칠씩 냉전기간을 같기도 했었다.

도대체 이 문제를 어떻게 해결할 수 있을까?

나는 이대로는 안 되겠다 싶어 해결책을 찾아 나섰다.

중이 제 머리 못 깎는 법이다. 내 문제를 내가 보지 못한다. 이럴 때는 좀 멀리 떨어져 나를 바라봐야 한다.

나는 하나의 사건을 두고 이 문제에 접근해 봤다. 우리 집에서 가장 빈번히 발생하는 문제가 화장실 변기 사건이다. 우리 집 남자가 셋인데 모두 서서 소변을 본다. 그러니 소변이 튀어 변기 주변에 지린내가 진동한다. 이에 아내는 발끈하고 범인 색출에 나선다. 그리고 잔소리가 연발로 이어진다.

이 경우를 멀리 떨어져 살펴보면 분명 남자들이 먼저 잘못했다. 오줌을 튀게 누었으니!

그러나 남자들 어느 누구도 오줌을 누긴 했으나 튀는 사실을 몰랐다. 그런데 아내는 다짜고짜 쏘아붙이며 잔소리를 폭발시켰다. 남자들이 먼저 잘못했지만 아내의 지적 방식도 옳은 건 아니었다. 결국 남자들도 반발하고…….

이 모습은 서로가 잘못을 상대에게 돌리고 있는 형국이다. 이래서는 답을 찾을 수 없다.

나에게 내 논리로 상대를 설득할 실력이 부족하다면 먼저 나를 돌아보는 것이 순서다. 앞에서 했던 무학 대사의 말처럼, 나한테 이 소리가 들리는 것은 나도 이 문제와 연결돼 있기 때문이다.

지금은 상대와 같은 환경에 처하지 않아 그러지 않을 뿐 상대와 같은 환경이 되면 정확히 나도 상대처럼 불평 불만할 내재적 요소는 분명히 있다. 따라서 상대의 불평불만에 귀 기울이고 거기서 내 공부 거리를 찾아야 한다. 거기 대고 맞서는 것은 도리어 상대 감정을 건드려 갈등 다툼으로 번져 악순환에 빠질 수밖에 없다.

나는 이 문제의 해결방법으로 '잔소리 일기'를 쓰기로 했다. 잔소리 일기란 매일 아내가 하는 잔소리를 일기 형식으로 적어보는 것이다. 여기에 한 장면을 소개하면 다음과 같다.

제목: 정공맵-잔소리 일기(2일차. 10.16)

• 아침
1. 오줌 누고 오줌 튀긴 걸로 아내 지적 → 잔소리로 흘려들음.

• 저녁, 밤
2. 다니엘 금식 때문에 군고구마 냄비 사와 군고구마 만드는 과정에 연기가 나 짜증 → 연기 나는 걸 예상 못 했음.

• 주제별 사건 정리
❶ 오줌 누고 오줌 튀긴 걸로 아내 지적 → 잔소리로 흘려들음.

→ 오줌 튄 것은 위생상 좋지 않으니 앞으로 뒤처리 잘하기.

❷ 다니엘 금식 때문에 군고구마 냄비 사와 군고구마 만드는 과정에 연기가 나 짜증 → 연기 나는 걸 예상 못 했음 ☞ 연기는 몸에 안 좋으므로 조심을 기울였어야 했음.

이렇게 잔소리 일기를 적어나가기 시작했는데 3일 정도가 지나면서 나에게 놀라운 변화가 일어났다.

지난 20년 동안 들어온 잔소리였는데 이걸 일기로 적어보는 건 처음이었다. 그런데 일기로 적다 보니 아내가 왜 잔소리하는지가 이해되기 시작한 것이다. 물론 지식적으로는 알고 있었지만 마음으로 이해되는 순간이었다.

나는 12일차까지 잔소리 일기를 쓰면서 아내의 마음을 어느 정도 이해하게 되었다. 자연히 아내가 싫어하는 내 행동의 수정은 덤으로 이루어졌다. 물론 이런 교정의 과정은 지금도 진행 중이지만 나로서는 20년 만에 깨달은 놀라운 경험이었다.

이를 통해 깨달은 바는 불평불만으로 인하여 대화에 문제가 생겼을 때 해결법은 먼저 문제의식을 느낀 사람이 교정을 시작해야 한다는 사실이다. 단지 짜증으로 끝내 버리면 이 문제는 영원히 해결되지 않는다. 부부란 평생을 같이 살아야 하는데 이런 문제를 그냥 두고 사는 것은 시한폭탄을 안고 가는 것과 다르지 않다.

만약 나와 같은 잔소리 문제가 심각하다면 '잔소리 일기'를 써볼 것을 권한다. 말보다 글은 분명 힘이 있다.

상대의 공격적 비판을 지혜롭게 받아치는 법

상대로부터 나를 비판하는 공격적 말을 들을 경우 대개 상대의 말을 되받아치게 된다. 이때는 다시 매서운 말이 되돌아오거나 서로 기분 상해하기 마련이다. 즉 내가 상대에게 되받아친다고 상대가 나에게 굽히는 일은 거의 없기에 이 방법은 좋은 방법이 되지 못한다. 도리어 악순환을 만들어낼 뿐이다.

출판사를 상대로 원고 작업을 하다 보면 별별 유형의 편집자를 다만나게 된다. 나의 경우 대부분이 출판사 의뢰 원고를 쓰기에 출판사 요구에 맞게 쓰는 일이 중요하다. 그럼에도 불구하고 편집자와 성향이 맞지 않거나 또는 서로의 요구 수준이 달라 곤란을 겪곤 한다.

한번은 출판사 편집자로부터 연락이 왔다. 내가 보낸 원고에 문제가 많다는 것이다. 그런데 이럴 경우 대부분 점잖게 이야기해주게 마련인데 이 편집자는 직설적 성격이었다. 다짜고짜 내 자존심을 건드리는 단어를 막 써가며 나를 공격해온 것이다.

그 편집자의 나이가 나보다 아래였기에 나는 심한 모욕감을 느끼며 반발하였다. 결국 언성이 높아졌고 황급히 대화가 끊어졌다.

전화를 끊고 나서도 한동안 북받치는 가슴을 억누를 길 없었다. 지금까지 글을 써오며 이런 일은 처음이었다.

얼마간 시간이 지나고 나서야 그 편집자의 성격이 직설적이란 사실을 알게 되었다. 그때서야 나는 이런 일이 생겼을 때 되받아치는 행동은 지혜로운 방법이 아니란 사실을 알게 되었다.

전후 사정을 모르고 그냥 되받아치는 행동은 결국 다시 되받아침을 만들고 악순환의 고리로 이어진다. 이 방법으로는 결코 이 문제가 해결되지 않는다.

나는 그 편집자 탓을 하기 전에 나를 돌아보는 태도로 돌아서 봤다. 가만히 생각해 보니 그 편집자에게 내가 먼저 무례한 행동을 한 기억이 떠올랐다.

첫 미팅 때였는데 알고 보니 그 편집자가 옛날 내 직장 후배이지 않은가. 그래서 나도 모르게 반말을 했는데 그게 마음에 걸렸다. 이미 십 몇 년 전의 일이고 나이 차가 그리 나지도 않는데 첫 만남의 자리에 내가 무례하지 않았나 하는 생각을 하고 있었다. 그 기억이 떠오른 것이다.

사실 상대의 말을 되받아치는 행동은 겸손의 부족에서 나온다. 그런 일이 생길만 해서 생긴 것인데 무작정 되받아치는 행동은 지혜롭지 못하다.

나는 그 편집자에게 앞으로 잘해보자는 사과 문자를 보냈다. 그랬더니 그 편집자도 부드럽게 답장이 왔다. 이후 그 편집자와는 마찰 없이 끝까지 일을 잘 진행할 수 있었다.

만약 상대가 나를 비판하거나 공격적으로 말을 걸어온다면 그냥 맞서기보다 일단 한 발짝 뒤로 물러서는 것이 좋다. 물론 이는 2보 전진을 위한 1보 후퇴다. 물러선 상태에서 먼저 전후 사정을 살펴보고 내 잘못은 없나 체크해 보자.

이때 내 잘못이 파악된다면 부드러운 문자 정도로 상대에게 사과 문자를 보내면 좋다. 만약 내 잘못이 전혀 파악되지 않고 저쪽에서 무리하게 공격해 오는 것이라면 이 관계는 오래가지 않는 것이 서로에게 좋다.

이때에도 부드럽게 상대에게 나의 의사를 전달해 보자.

그때 내가 생각지도 않은 방법으로 이 문제가 해결될 수도 있다.

싫은 말을 들어서 마음이 상할 때의 대처법

싫은 말을 들으면 누구나 기분이 상한다. 기분이 상하는 문제는 상당한 스트레스가 되므로 반드시 해결해야 한다.

어떻게 상한 기분을 풀 수 있을까?

싫은 말을 한 상대에게 내 기분을 풀면 분명 반발이 일어날 것이다. 그도 분명 이유가 있어 싫은 말을 한 것일 테니. 그러므로 싫은 말을 한 상대를 고쳐서 내 기분 상함을 해결하는 것은 한계가 있다.

여기서 기분이 상한 주체가 나이므로 문제의 중심을 나에게로 돌려보는 것은 의미가 있다.

왜 내 기분이 상했을까?

이 상황을 논리적으로 분석해보면, 상대가 보기에 나에게 문제가 있어 싫은 말을 했고 내 기분이 상한 것이다. 즉 상대 기준으로 볼 때 나에게 문제가 있는 것이 기분 상함의 본질이다.

기분이 상한다는 것은 뭔가 내가 변화할 게 있다는 신호이므로 내가 변화해야만 상한 기분을 풀 수 있다.

문제의 본질이 상대 기준의 내 갖춤에 있는 것이므로 상대 기준의 내 갖춤을 높이는 것이 첫 번째 문제해결의 키가 될 수 있다. 만약 이것이 인정된다면 나는 노력을 통하여 나를 바꿈으로써 문제해결에 접근할 수 있다.

하지만 상대의 기준을 내가 인정하기 어렵거나 상대의 기대치가 너무 높아 내 능력으로 충족시키기 어렵다고 판단되면 이때는 상대와의 관계를 잠시 포기하는 것도 문제해결의 방편이 될 수 있다.

그러나 후자의 방법은 문제 해결의 본질이 아닌 방편임에 주목해야 한다. 상대와의 관계를 끊는다 해도 찜찜함은 계속 남기 때문이다.

결국 문제의 본질은 내 갖춤에 있으므로 이 문제를 해결해야 다시 이런 일이 일어나지 않는다. 결국 기분 상함의 본질은 내 갖춤 부족 때문에 일어난다.

안타깝게도 사람들은 대부분 내 갖춤의 정도를 잘 판단하지 못한다. 그래서 이런 지식을 알아도 문제해결에 접근하지 못하는 경우가 태반이다.

내 갖춤을 판단하는 방법은 다음과 같다.

싫은 소리를 듣게 될 때 반응하는 정도가 내 갖춤의 판단척도이다.

위기상황에 반응하는 내 지식, 의지, 감정이 내 갖춤의 척도가 되는 것이다.

이때 드러나는 내 갖춤이 문제가 있다고 판단되면 그것을 수정하기 위해 노력하면 된다. 그렇지 않다면 계속 그런 일이 생길 때마다 기분 상하는 일을 당할 수밖에 없다.

상대에게 지혜롭게 충고하는 방법

내가 상대의 잘못된 부분을 지적해 주고 싶을 때도 있을 것이다. 하지만 상대에게 직접적으로 말하면 상대가 나처럼 기분 상할까 봐

조심스러울 수 있다. 이때 지혜롭게 충고하는 방법은 없을까?

인간은 인격체이기에 어떤 동물보다 자존심이 강하다. 그래서 자신의 인격이 무시당한다 싶으면 여지없이 자존심에 상처를 입는다.

그런데 인간은 어리석게도 다른 인간의 인격을 무시하는 일을 거의 무의식적으로 자행한다.

오늘날 인간관계의 갈등은 대부분 이렇게 발생한다.

인격을 무시하는 행위는 단지 직접적 안하무인이나 엽기적 행각에만 있지 않다.

무심코 나눈 대화 한마디, 아무 생각 없이 던진 표정 하나에도 인격무시가 들어있다면 인격적으로 반응하는 것이 인간이다.

따라서 내가 상대의 잘못을 지적하고자 한다면 이런 점을 반드시 조심하고 지혜롭게 파고들어야 한다.

직접적, 직설적인 방법보다는 간접적, 우회적인 방법이 좋다.

상대의 인격을 덜 건드리면서 내 의견을 효과적으로 전달할 수 있는 지혜로운 방법을 선택해야 한다.

간접적, 우회적 방법으로 좋은 것 중 하나가 비유다.

비유는 장황한 설명 없이도 내가 전하고자 하는 주제를 간접적이면서도 효과적으로 전할 수 있는 장점이 있다.

예를 들어 아이가 이를 안 닦는 습관이 있을 때 부모들은 대개 아이에게 윽박지른다.

"너 이 닦고 자! 안 닦으면 이빨 썩어!"

그러나 아이는 그때뿐 좀처럼 이를 닦지 않는다. 이때 아이에게 간접적으로 이를 닦지 않아 고통받는 이야기나 영상을 보게 한다. 물론 자연스럽게 보게 해야 한다. 그러면 아이는 명령조의 말을 들었을 때 움직이지 않았던 마음이 영상 한편으로 움직일 수 있다.

또 하나의 간접적, 우회적 방법이 있는데 이것은 내가 말이 아닌 행동으로 본을 보여주는 것이다. 이 방법은 나와 상대가 같이 변화하는 것이므로 인간의 잘못을 다스리는 궁극적 목표점이기도 하다.

나는 아이가 인스턴트 음식을 너무 많이 먹는 게 걱정되었다. 그러나 어릴 때부터 생긴 습관이어서 좀처럼 바꾸기가 쉽지 않았다. 그런데 아이 엄마는 인스턴트 음식 먹는 걸 아주 싫어한다. 하지만 나는 마음이 약해 늘 애들이 좋아하니까 인스턴트 음식을 사다주곤 했다. 그런 아이에게 "너 인스턴트 음식 몸에 나쁘니까 이제부터 먹지 마." 한다고 이 문제가 해결될 리 없다.

그러던 어느 날 나는 앞에서도 이야기했던 '잔소리 일기'를 쓰다 내가 인스턴트 음식 사오는 것도 아내의 잔소리에 해당된다는 사실을 알게 되었다. 그래서 이후로는 인스턴트 음식을 절대 사오지 않았다. 물론 아내의 잔소리에 해당하는 많은 부분의 수정도 함께 진행되었다. 집에서 나의 잘못된 습관들이 하나하나 고쳐지고 있었던 것이다.

이런 가운데 놀라운 일이 일어났다. 아이가 학원을 다녀온 어느 날 인스턴트 음식이 아닌 밥이 먹고 싶다는 것이다. 처음이었다. 대개 학원 갔다 온 시간이면 인스턴트 음식을 찾곤 했다. 그런데 밥을 달라니.

그때 속으로 스쳐 갔던 게 지난 며칠 사이 나의 변화였다. 결국 행동으로 보여주는 것보다 더 큰 교육은 없다는 사실을 그때 새삼 느낄 수 있었다.

부부싸움 후 화해 대화하는 법

부부싸움을 하지 않는 가정은 거의 없을 듯싶다.

나의 경우 학창시절 한 번도 치고받는 싸움을 한 일이 없을 정도로 소심한 성격이었는데도 불구하고 부부싸움만은 피해갈 수 없었던 것 같다.

한번은 부부싸움 후 화해를 시도하려다 내 방법에 문제가 있다는 생각이 들어 인터넷의 사례들을 살펴보았다.

내 방법은 다짜고짜 내가 먼저 다가가 사과하는 것이었다. 이 방법은 초기엔 먹혀들었는데 이것도 자주하다 보니 잘 먹혀들지 않았다. 그러다 〈정법강의〉란 곳에서 화해에 관한 지혜로운 방법을 발견하였다.

그 대략을 정리해 보면 다음과 같다.

싸움이란 의견 대 의견의 대립으로 일어난다. 서로 자기의견이 옳다 생각하는 것이다.

하지만 불완전한 인간의 생각에 100프로 옳은 의견이란 존재하지 않는다. 따라서 양쪽 다 잘못이 있어 싸움이 일어난다. 어느 한쪽의 일방적 잘못으로 싸움이 일어나지 않는다는 이야기다.

다만 경중은 있다. 여기서 경중을 분별하는 법은 내 판단이나 사회적 판단이 되어서는 안 된다. 자연법의 분별로 경중을 따져야 한다.

자연법에서, 아픔의 크기는 잘못의 크기에 비례한다. 이 이유로 싸웠을 때 더 아픈 쪽이 잘못도 좀 더 많은 쪽이 된다.

정확한 화해가 일어나기 위해서는, 잘못이 더 많은 쪽이 진심으로 뉘우치는 마음이 일어나야 한다. 이때에도 바로 사과하러 가서는 안 된다. 상대가 받아들일 준비가 돼 있지 않기 때문이다. 만약 이때 억지 용서를 받아내게 되면 나중에 같은 상황 발생 시 또 싸움이 일어나게 된다.

나의 경우가 이에 해당되었다.

따라서 상대 앞에서 진심으로 뉘우치는 자세로 몸을 낮추면서 자기 할일을 묵묵히 하고 있으면 된다. 이때 상대가 나의 모습에서 진심을 느끼고 서서히 다가올 때가 있다. 그 순간 내 진심의 뉘우침을 전달하면 상대에게 통한다.

뿐만 아니라 상대도 자기잘못도 있었다며 극적인 화해를 하게 된다. 둘 다 잘못을 깨닫고 뉘우치게 되었으니 자연이 원하는 화해가 이루어진 셈이다.

이런 과정이 아니라 단지 냉한 분위기를 풀고자 진정한 뉘우침도 없이 억지 화해를 하게 되면 그 순간은 넘어가지만 싸움의 악순환은 되풀이될 수밖에 없다. 싸움의 근본원인이 해결되지 않았기 때문이다.

100%는 아니지만 나는 이 방법으로 아내와 극적인 화해를 할 수 있었다. 무작정 달려가 사과하지 않고 이 방법대로 진심으로 잘못을 느끼는 태도로 나를 낮춰 내 할 일을 묵묵히 했다. 그랬더니 정말로 아내가 다가왔다. 그때 잽싸게 내 진심을 전했더니 화해가 이루어졌다.

이후 아내도 자기 태도를 고치려고 노력하는 모습이 보여 우리 부부가 한 걸음 나아가고 있음이 느껴졌다.

대화 중 오해가 생겼을 때 대처법

대화 중 상대가 나를 오해하고 있다는 사실을 알게 되었다면 어떻게 대처해야 할까?

이때 대부분 억울한 생각에 당장 오해를 풀려들 것이다. 하지만 상대는 내 말을 쉬 믿으려 하지 않는다. 아마도 더 믿을 만한 소식통에서 이야기를 들었기 때문일 것이다. 또 상대의 오해에 대해 내가 직설적으로 반응하면 또 다른 오해를 불러일으킬 가능성도 높다. 오해는 또 다른 오해를 낳기 때문이다.

항상 문제가 생기면 앞에서도 이야기했던 판대분하법을 적용하면 좋다. 즉 판단 대신 분별하는 것이다. 그 자리에서 판단으로 반응하지 말고 한 발짝 물러서서 분별해 보는 것이다.

오해가 생기는 이유는, 일이란 앞중뒤가 있는 법인데 앞뒤 자르고 중만 보고 달려들기 때문이다. 상대가 중만 보게 만든 데에는 내 잘못도 있으니 즉각 대응보다 일단 관망하는 게 좋다.

만약 그대로 두었는데 저절로 풀렸다면 이는 조용히 넘어가라는 신호이니 더 이상 상대에게 다그칠 필요도 없다.

하지만 오해가 더 커져 나에게 직접적으로 해를 가할 상황까지 다가오고 있다면 그때는 나서서 앞뒤사정을 이야기해 주는 것이 좋다.

이때 가만히 있다가 대응하는 것이 아니라 그전까지 내 잘못이 있다면 반성도 하고 그렇지 않다면 앞중뒤 중 잘렸던 앞과 뒤의 자료를 충분히 모아 논리적인 앞중뒤의 자료를 만들어야 한다.

이렇게 지혜로 분별하며 대처하면 분명 오해를 풀 수 있는 길이 생긴다.

불교에 연기법이 있듯 세상에 아무 이유 없이 일어나는 일은 없다.

그런 면에서 오해도 이유가 있어 일어나는 일이다. 내가 처신을 잘못한 부분도 있기에 일어나는 일이란 뜻이다. 따라서 오해한 상대에게 맞서기보다 미안한 마음으로 겸손한 태도를 보여야한다.

만약 상대가 나를 오해하여 나를 떠났더라도 내가 이러한 태도를 보인다면 상대는 다시 찾아올 가능성이 높다. 이때 사과하면 서로 화해가 가능하다.

대화 중 스트레스를 받을 때 대처법

대화를 하다 상대와 마음이 맞지 않으면 누구나 스트레스를 받는다. 이런 스트레스는 현대인의 고질병이다. 오늘날 현대인들은 지난 수천 년 인류가 겪지 못했던 온갖 스트레스에 시달리고 있다.

도대체 이런 스트레스의 원인은 어디에 있을까? 아마도 대부분 사람들은 스트레스의 원인이 나에게 스트레스를 주는 상대(또는 환경)에게 있다고 믿을 것이다. 하지만 내 연구 결과 스트레스의 원인이 상대보다 나에게 더 많이 있다는 사실을 발견하였다. 이게 무슨 말일까, 의

아해할 수도 있겠지만 다음 설명을 잘 따라와 주기 바란다.

나에게서 나오는 스트레스의 원인은 바로 내 중심의 조건적 사고에 있다. 내 중심의 조건적 사고는 상대를 조건적으로 대하기에 내 조건에 안 맞으면 스트레스를 받을 수밖에 없다.

조건적 사고의 중심에 이기심이 있다. 즉 모든 기준이 내 뜻에 달려 있어 내 기준에 맞으면 노스트레스지만 안 맞으면 스트레스인 것이다. 이처럼 이기심은 필연적으로 스트레스를 유발할 수밖에 없다.

이런 스트레스는 받는 스트레스만 있는 게 아니라 주는 스트레스도 있다.

이 둘을 모두 문제를 일으킨다.

주는 스트레스를 상쇄하려면 이기심, 즉 내 중심의 조건적 사고를 줄여야 한다. 내 중심의 조건이 없어지면 상대의 행동에 내가 간섭할 이유가 없어져 상대에게 스트레스를 줄 이유도 없어진다.

또한 조건적 사고를 없앤다는 것은 상대에 대한 내 조건도 없어지는 것이므로 상대를 자유롭게 놔주는 것과 같다.

내가 내 생각대로 할 자유가 있는 것처럼 상대도 상대 마음대로 할 자유가 있다. 상대의 자유를 허락한다는 것은 상대가 내 마음에 안 드는 행동을 할 자유까지 허락하는 것이므로 받는 스트레스를 안 받게 된다. 상대도 그렇게 행동할 자유가 있다고 인정하기 때문이다.

그런 의미로 내 중심의 조건적 사고를 버리고 상대의 자유를 인정해주는 것이야 말로 모든 스트레스의 해결책이다.

조건적 사고의 핵심은 이기적 사고며 이는 상대의 자유를 인정해주지 않는 행동으로 나타난다.

그래서 나는 내 마음에 맞지 않는 행동을 한다는 이유로 상대에게 간섭하거나 고집을 피우는 방법으로 스트레스를 주거나 받는다. 그 결과로 극심한 스트레스의 고통을 받고 어려움에 빠지거나 이것이 원인이 되어 질병의 고통에 시달리기도 한다.

모든 인류의 스트레스와 고통은 이런 메커니즘으로 형성된다. 따라서 내가 진정 스트레스로부터 자유로워지고자 한다면 내 중심의 조건적 사고를 줄이고 상대의 자유를 허락하는 훈련에 끊임없이 정진하면 좋을 것이다.

Think episode

〈핵심 문장 정리〉

❶ 중이 제 머리 못 깎는 법이다. 내 문제를 내가 보지 못한다. 이럴 땐 좀 멀리 떨어져 나를 바라봐야 한다.

❷ 위기상황에 반응하는 내 지식, 의지, 감정이 내 갖춤의 척도가 되는 것이다.

❸ 불완전한 인간의 생각에 100프로 옳은 의견이란 존재하지 않는다.

❹ 세상에 아무 이유 없이 일어나는 일은 없다.

❺ 스트레스는 받는 스트레스만 있는 게 아니라 주는 스트레스도 있다.

chapter 08
스토리텔링 대화

스토리텔링이란

언제부턴가 스토리텔링이 우리 사회의 화두로 자리 잡았다.

스토리텔링의 위력은 단순히 개인의 PR 차원을 넘어 기업의 경쟁력까지 좌지우지하는 것으로도 부각되고 있다. 글로벌 시대를 맞고 있는 오늘날에는 스토리텔링이 심지어 국가경쟁력에도 영향을 미친다고 할 정도다.

하지만 안타깝게도 아직까지 스토리텔링의 뜻이 정확히 무엇인지 제대로 아는 사람은 많지 않다.

대화를 주제로 하는 책에서 갑자기 스토리텔링 이야기를 꺼내는 것은 지지 않는 대화 역시 이와 밀접한 관계를 가지기 때문이다.

스토리텔링의 영어적 의미는 단순히 '이야기하기'이다. 이렇게 해서는 스토리텔링을 제대로 이해하기 힘들다. 스토리텔링을 제대로 이해하려면 우리가 익히 알고 있는 스토리와 스토리텔링의 차이점을 아는 것이 중요하다.

스토리는 그야말로 이야기다. 그냥 오늘 아침부터 저녁까지 일어났던 모든 일이 이야기가 될 수 있다. 그렇다면 이러한 스토리를 말하기만 하면 스토리텔링이 되는 걸까? 이는 그렇지 않다. 그랬다면 스토리텔링이란 단어가 굳이 나올 필요도 없었다.

스토리텔링(storytelling)이란 기존의 '스토리(story)'에 '텔(tell)'과 '현재진행형(~ing)'이 결합한 구조를 이루고 있다. 만약 스토리텔링이 영어적 의미로 단지 '이야기하기'라면 굳이 현재진행형인 ing까지 붙일 필요는 없었을 것이다. 그런데 왜 ing가 붙어있는 것일까?

그것은 과거의 죽은 이야기가 아니라 현재 진행되고 있는 것처럼 살아 움직이는 이야기라는 뜻에서 붙은 것이다. 그런 의미로 스토리텔링은 이 스토리를 전달받는 상대 중심으로의 시각이 열려 있다.

이야기란 결국 누군가에게 전달하기 위해 하는 것인데 이때 이야기를 전달받는 상대가 지루하게 전달받는다면 그것은 스토리는 될 수 있을지언정 스토리텔링은 될 수 없다. 생물처럼 살아 움직여서 상대에게 임팩트를 줄 수 있어야 진정한 스토리텔링이 될 수 있다.

스토리텔링의 또 다른 의미로는 '글과 이미지로 스토리를 만들어 전달하는 것'이란 뜻도 있다. 글은 의미와 감동을 줄 수 있는 힘이 있고 이미지는 단 한 컷만으로도 임팩트를 줄 수 있기 때문이다.

다음 글자를 보자. 이 글은 내가 오랫동안 자살의 의미를 생각하며 만들어낸 스토리텔링이다.

自殺自

이 글을 그대로 읽으면 '자살자'가 된다. 그런데 앞뒤에 스스로 自 자가 붙어 있다. '살' 자를 기준으로 스스로 自가 앞에 붙으면 '자살'이 되지만 스스로 自가 뒤에 붙으면 반대로 '살자'로 변한다.

인생도 이 글자처럼 흘러간다.

내가 삶에 욕심내어 앞서나가면 필히 죽게 되고 겸손히 뒤로 물러서면 도리어 살게 된다. 만약 자살을 결심하려는 사람에게 온갖 설득하는 말보다 이 글자 하나를 보여주면 어떨까? 스토리텔링이란 바로 이런 것이다.

스토리텔링은 그냥 스토리를 전달하는 것이 아니다. 스토리를 전달받는 사람으로 하여금 재미나 의미나 감동을 주기 위해 재가공하여 전달하는 것이 곧 스토리텔링이다.

그런 면에서 스토리텔링은 소설과 영화의 기법인 플롯과 닮아 있다.

소설가가 소설을 구성하거나 영화 연출가가 영화를 만들 때 그냥 스토리 순서대로 쭉 나열하지 않는다. 어떻게 하면 독자나 관객들이 더 흥미를 끌 수 있을까, 더 감동을 줄 수 있을까를 고려하여 이야기를 구조화한다. 예를 들어 영화의 경우 첫 시작 5분에 성패가 달려 있기에 첫 시작부터 흥미를 유발하는 씬을 배치한다.

소설가도 마찬가지다. 어떻게 하면 이 소설의 스토리에 의미를 더할 수 있을지, 독자가 지루하지 않게 볼 수 있을지를 고려하여 이야기를 재배치한다. 이런 것을 스토리와 구분하여 플롯이라 한다.

결국 스토리텔링이란 바로 이런 이야기의 플롯을 만드는 과정이라 보면 이해하기 쉽다.

이제 스토리텔링의 의미는 처음에는 글, 이미지에서 시작했지만 스마트 시대를 맞이한 지금 전방위적으로 확장되어 나가고 있다. 강의, 교육, 1인 영상 등 사실상 우리 생활에서 이루어지는 거의 모든 것에 스토리텔링이 요구되고 있다.

이에 대화에도 스토리텔링이 요구되는 것은 어쩌면 당연한 결과다. 대화야말로 인간관계의 기초 중 기초이기 때문이다.

사람들이 단지 외로움을 달래기 위해, 흥미를 위해 대화하는 시대는 지나고 있다.

사람들은 대화 속에서 유익을 얻기 원하고 힐링을 누리기 원하며 삶의 의미를 찾기 원한다.

그래서 유익이 없는, 의미가 없는 모임에는 더 이상 나가고 싶지 않은 마음이 생기는 것이 요즘의 현실이다. 아무리 모임이 많고 주변에 사람이 많아도 진정한 대화를 나눌 사람 하나가 없다.

이러한 시대에 요구되는 것이 스토리텔링 대화다. 스토리텔링 대화란 단지 일상을 나누는 대화가 아닌 재미와 감동과 의미가 오가는 대화다.

재미가 없으면 자칫 지루해질 수 있다. 감동이 없으면 메마를 수 있다. 의미가 없으면 삶의 목적을 상실할 수 있다. 인간은 재미를 추구하고 감동하며 의미를 찾는 동물이다.

이러한 인간의 욕구를 채워줄 수 있는 대화가 바로 스토리텔링 대화인 것이다.

대화를 잘하는 사람은 스토리텔링 대화의 달인이다

스토리텔링 대화의 정의를 알고 나니 머리가 더 복잡해질 수도 있겠다.

'나는 재미있게 말하는 재주가 없는데…….'

'나는 감동하고는 거리가 먼데……'

'나는 의미가 뭔지도 모르는데……'

이런 사람들이 많을 것이기 때문이다.

물론 한 사람이 재미와 의미와 감동의 요소를 모두 갖출 수는 없다. 이 세 가지를 다 가진 사람은 세상에 몇 없다.

재미있게 말하는 재주를 가진 사람은 의미가 약할 수밖에 없고 의미에 대해 잘 말하는 사람은 재미가 약할 수밖에 없다.

실제 대화를 잘하는 사람들을 살펴보면 이 세 가지 중 어느 한 분야에서 말 재능을 가진 사람임을 간파할 수 있다.

모임에 나가 보면 유독 대화를 잘 이끄는 사람들을 볼 수 있다.

내가 아는 어떤 사람은 입에서 한번 이야기가 나오면 사람들의 주목을 끈다.

말도 조리 있지만 일단 재미있다.

그녀는 하루나 주간 중 있었던 일 중 임팩트 있는 사건을 골라 그것을 재미있게 표현해 낸다. 일단 스토리를 재미있게 말할 줄 아는 능력이 있다. 거기에 익살스런 표정과 감정이입까지 하여 말을 토해내니 사람들이 주목하지 않을 수 없다.

그런 점에서 나는 그녀가 재미있게 스토리텔링을 잘하는 재능을 가졌다고 생각한다.

반면 어떤 사람은 자기의 스토리를 말하긴 하는데 그냥 밋밋하다. 그도 분명 스토리 자체는 재미있는 소재를 말하고 있긴 한데 왠지 귀에 쏙쏙 들어오진 않는다.

그는 말할 때 톤의 변화가 별로 없고 표정이나 제스추어는 거의 사용하지 않는다. 그래서인지 사람들이 아무리 재미있는 이야기를 해도 그가 말을 하면 별로 재미있어 하지 않는다.

나는 그의 말이 사람들에게 주목받지 못하는 이유가 재미있게 말하는 스토리텔링 능력이 부족하기 때문이라 생각한다.

재미있게 말하는 스토리텔링 대화를 잘하는 사람들을 찾고 싶다면 TV로 눈을 돌리면 된다. 특히 재미에 중점을 두고 싶다면 예능프로그램을 주목하자.

우리는 예능을 보며 킥킥거리고 웃지만 사실 거기 출연자들은 정글에 던져진 동물과 다름없다. 조금이라도 재미없으면 가차 없이 퇴출되거나 프로그램이 없어진다. 따라서 거기에서 주목받거나 살아남은 사람들은 재미있는 스토리텔링의 달인들이라 할 수 있다.

한편 어떤 사람들은 감동적인 대화를 나누는 데 소질이 있다.

내가 아는 한 사람은 언변이 좋은 것도 아닌데 희한하게 감동을 준다.

그의 특징은 감동을 주는 도구나 장소를 많이 알고 있고 그것을 이용할 줄 안다는 점이다. 만나면 그냥 빈손이 아니라 무슨 소품 같은 것을 들고 오는데 그 소품에 대한 사연을 늘어놓는다. 그런데 그 소품이 예사 소품이 아니다. 보통 정성이 들어간 게 아닌 것이다.

듣는 나는 감동을 먹을 수밖에 없다. 또한 그는 분위기 좋은 카페를 많이 아는데 가는 곳마다 이미 분위기에 감동된다. 그런 분위기 속에 이야기하다 보면 이미 내 마음은 감동할 준비가 돼 있어 쉽게 감동을 느낄 수 있다. 그런 면에서 나는 그 사람이 감동 있게 스토리텔링을 잘하는 재능을 가졌다고 생각한다.

어떤 사람은 대화를 나눌 때 꼭 무슨 격언이나 명언, 속담을 잘 인용하는 사람이 있다.

이때 듣는 상대는 격언, 명언, 속담을 자기도 모르게 마음에 되새기게 된다.

격언이나 명언, 속담은 복잡하게 흐트러져 있는 우리네 삶을 한 문장으로 요약해 주는 힘이 있다.

뿐만 아니라 그는 때때로 듣도 보도 못한 문장을 쏟아놓을 때가 있다. 예를 들면 "참으면 폭발하지만 이해하면 녹아!"라는 말 등이다.

사실 나는 이 말에 꽂혀 이 책의 한 소재로 삼기도 했다. 그때 "그거 어디 나오는 명언이야?"라고 물었는데 그냥 자기도 어디서 들었던 것 같긴 한데 잘 생각이 나지 않는다고 얼버무렸다. 이런 식이다. 왠지 그와 같이 있으면 삶의 의미에 대해 생각하게 된다. 이것만으로도 나는 그가 의미 있게 스토리텔링을 잘하는 능력이 있다고 생각한다.

스토리텔링 대화는 이처럼 일상적인 우리의 대화에 재미, 의미, 감동을 불어넣어주는 힘이 있다. 그래서 우리는 이런 대화의 능력을 가진 사람에게 끌리고 그래서 그들은 인기 있다. 그런 사람들이 우리 사회에서 인기 있는 자리에 우뚝 올라 서 있다. 그런 점에서 스토리텔링 대화를 배워보는 것은 나쁘지 않을 듯하다.

재미있는 스토리텔링 대화

재미있게 스토리텔링하는 것을 배우려면 인기 예능인들의 말을 주목할 필요가 있다. 다음 KBS2 해피투게더3 방영분의 한 대화 내용을 살펴보자.

유재석이 윤종신을 소개하자 윤종신이 다음과 같이 말했다.

"제가 조금만 일찍 예능계에 들어왔으면……. 이게 예능계의 지각변동이거든요."

그러자 MC 유재석이 다음과 같이 받아친다.

"그래요, 많이 지각하셨어요."

유재석의 말에 사람들이 깔깔 웃는다. 지각변동이라는 말 중 '지각'이라는 단어를 재치 있게 잘 받아쳤기 때문이다.

사람들이 윤종신에게 유재석과 강호동에 대한 평가를 해달라고 조른다. 그러자 윤종신은 "그건 참 어려운 질문이에요."라며 뺀다. 그러면서 멘트를 날리는데 이게 배꼽을 잡는다.

"그렇지만 둘 다 공통점은 있어요. 둘 다 날 필요로 하거든요."

이 말에 또 사람들은 배꼽을 잡는다.

이 말이 웃음을 주는 까닭은 역발상 때문이다.

대개 사람들이 여럿 모여 있으면 자기 잘난 체하는 것을 푼수 정도로 여긴다. 그래서 이것을 본능적으로 꺼리게 되는데 윤종신은 도리어 이 점을 치고 나온 것이다.

진지한 자리라면 자칫 분위기를 깰 수 있지만 이처럼 가볍고 웃음을 필요로 하는 자리라면 이도 좋은 방법이 될 수 있다.

윤종신과 박명수가 서로 치고받는 대화도 포인트가 있다. 윤종신이 진행하던 라디오 프로그램에 윤종신은 잘렸고 그 자리를 박명수가 치고 들어왔다. 이에 대해 윤종신이 투덜거리며 말했다.

"원래 제 방송 코너지기였거든요. 그런데 틈틈이 국장님도 만나도 PD도 만나고 작업을 펼치더니……. 얼마나 웃기냐면 제가 잘리는 전날 해고통보를 자기가 직접 해주더라고요."

그러자 박명수가 받아쳤다.

"국장님 주꾸미 좋아하셔서."

이 말에 사람들이 또 깔깔 웃는다.

사실 윤종신은 박명수가 작전을 짜서 자기 자리를 치고 들어와 마치 빼앗긴 것처럼 비꼬고 있는데 박명수는 되레 그것을 인정하는 것을 넘어 그 사실 자체를 희화화해버리므로 웃음을 유발한 것이다.

이 장면의 웃음 포인트는 자기를 뭉개지는 대화가 이어지려 할 때 대개는 무안해하거나 핑계를 늘어놓게 마련인데 역으로 아예 인정하는 것을 넘어 희화화해 버린 모습이다. 이는 일거양득의 효과를 얻게 되는데 자신이 우스운 꼴이 되는 것을 방지할 뿐 아니라 도리어 유쾌한 웃음의 주인공으로 등장하게 해주는 것이다.

이 짧은 대화에서 우리는 대화를 재미있게 이끌어주는 스토리텔링 포인트 몇 가지를 짚을 수 있다.

첫 번째는 대화 중 나오는 단어를 잘 이용하는 방법이다.

단어와 연상되는 어떤 포인트를 자신의 스토리텔링과 연결하여 재치로 잘 활용한다면 대화를 유머러스하면서도 재미있게 이끌어갈 수 있다.

두 번째는 역발상의 재치다.

사람들은 어떨 때 재미를 느낄까? 자신이 보기에 이미 예상할 수 있는 그럴듯한 이야기가 나오면 절대 재미있어 하지 않는다. 아니 지루해한다. 오늘날은 스토리가 넘치는 시대이기 때문이다. 그래서 새롭지 않은 스토리로 칠갑한 영화는 아예 초반에 문 내려야 한다. 하지만 익숙한 이야기라도 다르게 표현한다든지 새로움을 입힌 영화는 각광받는다.

대화도 마찬가지다. 예상되는 스토리는 사람들이 재미있어 하지 않는다. 뭔가 다른 기발함에 사람들은 귀를 종긋 세운다. 앞에서 윤종신이나 박명수의 이야기가 재미있는 것은 이런 기발함이 있었기 때문이다. 바로 역발상의 기발함이다.

물론 이런 기발함의 테크닉이 단지 연습이나 훈련만으로 개발되기는 힘들다. 어느 정도 타고난 부분도 있어야 한다. 그래서 개그맨이 되고 싶다고 아무나 개그맨이 될 수 없는 것이다. 그럼에도 불구하고 이런 포인트를 알고 노력의 시간을 투자한다면 누구나 재미있는 대화의 주체가 될 수 있다고 생각한다.

내가 그 증거다.

나는 지독한 내성쟁이였음에도 불구하고 대화에 주체적으로 끼어들고 싶어 부단히 노력했다. 물론 다 그렇지는 않지만 내 말에 대한 주변의 평가를 들어보면 '재미있다.'는 소리를 듣고는 한다. 나도 모르게 내 말에도 '재미'라는 DNA가 추가된 것이다.

사람들은 누구나 '재미'라는 속성을 추구한다. 이는 누구나 그 속에 재미 DNA가 숨어 있기 때문일 수 있다. 따라서 누구나 노력 여하에 따라 재미있는 스토리텔링을 창출할 수 있다고 생각한다. 그럼에도 불구하고 나는 도저히 재미와는 연관이 멀다 싶은 사람에게 희망을 잃지 않도록 제2의 방법을 소개해 보고자 한다.

개그의 분야에 보면 슬랩스틱 개그란 게 있는데 이는 말이 아닌 행동으로 상대를 웃기는 것이다.

자칭 우리나라 슬랩스틱 개그의 창시자가 바로 심형래다.

바보스런 분장으로 우스꽝스런 동작을 통해 상대의 배꼽을 잡게한다. 그는 이 슬랩스택 개그 하나로 우리나라 개그 1인자의 자리에 오르기도 했다.

내가 말로서는 도저히 재미있게 할 재주가 없다면 나의 표정, 제스추어, 동작을 개발해 보는 것도 좋은 방법이 될 수 있다.

거울을 보고 익살스러운 표정 짓는 연습을 해보자.

상대는 의외의 모습에 재미를 느낄 수 있다.

상대가 이야기할 때 무표정 무동작으로 앉아 있지 말고 표정과 몸짓에도 재미를 추가하려 노력해 보자. 이것만으로도 상대는 흥이 날 수 있다.

감동적인 스토리텔링 대화

감동적인 스토리텔링 대화를 하기 위해서는 인간이 어느 때 감동을 느끼는지 포인트를 알아야 한다.

나는 글과 스토리로 밥벌이를 해야 하기에 이에 대해 많은 연구를 해왔다.

사람들이 감동을 느끼는 포인트는 여러 가지가 있겠지만 나는 딱 네 글자에 다 담겨 있다고 생각한다. 바로 '인간적인'이란 네 글자다. 즉 사람은 인간적인 것에 감동한다.

감동적 스토리텔링의 대가로 김창옥 교수를 소개한다. 그는 이미 명강사로 이름이 드높은 사람이다. 그의 강의 한 대목을 살펴보자.

나에게 아버지란 과거 여느 아버지상과 다르지 않게 술꾼에 노름꾼에 어머니와는 사이가 좋지 않아 항상 싸움 중인 그런 존재였다. 그런 아버지가 청각장애인이었다.

어느 날 제주도 어느 치과로부터 전화가 왔다.

의사 왈, 당신 아버지가 치과 치료를 하는데 당신이 치료비를 다 대줄 거라 한단다. 내가 하도 어이가 없어 내가 '왜?' 하며 부아가 치밀 직전이었다. 그때 의사가 아버지를 바꿔 주겠단다. '아버지는 청각장애인이라 통화가 되지 않는 사람인데……'라고 생각할 무렵 전화기 너머에서 아버지의 3단 고음이 쩌렁쩌렁 울린다. 청각장애인들이 원래 목소리가 크다.

"맏이냐~~ 아버지다~~~."

안 그래도 듣기 싫은 목소린데 쩌렁거리니 더 귀에 거슬렸다. 그런데 다음 말이 이어지기까지 약간 간격이 있었다. 나는 무슨 말이 나올까 하고 약간 신경을 곤두세웠는데 낮은 목소리로 다음의 말이 이어졌다.

"미안하다."

아버지에게 처음 들어보는 말이었다. 자식에게 미안한 줄 모르고 있는 것 같아 늘 화가 났었는데 막상 그 말을 듣게 된 것이다. 그 말을 들으면 그래도 마음이 조금이나마 풀릴 줄 알았는데 되레 속이 상했다.

그런데 그 말 한마디가 그동안 원수졌던 관계를 푸는 끈이 될 줄은 몰랐다. 이후 나는 아버지에게 가끔 용돈을 드리기 시작했다.

아버지는 그 돈으로 여전히 노름을 하셨지만 돈이 틀어진 둘 간의 관계를 이어주는 끈으로 작용했다.

내 고향은 제주도였기에 늘 서울로 돌아가는 길에 어머니가 배웅을 해주셨다. 그러던 어느 날 아버지가 처음으로 배웅해주겠다는 게 아닌가. 그리 어색할 수 없었지만 그때 나는 처음으로 아버지의 뒷모습을 보게 되었다. 한쪽 어깨가 처지고 한쪽 다리를 저시는 모습……. 그것이 가슴에 울림을 줄 줄 몰랐다.

누군가가 이야기했다 한다. 누군가의 뒷모습이 보이는 순간이 사랑이 시작되는 순간이라고.

한번은 너무 아파 병실에 누워 있다가 아버지 목소리가 듣고 싶어 전화를 드렸는데 아버지는 자식 마음도 모른 채 무심하게 다음 세 마디만 외치고는 끊어버리셨다.

"밥 잘 먹고 다녀라. 차 조심해라. 전화세 많이 나오니 끊자."

전 같으면 '자식에게 할 말이 저것밖에 없느냐.'며 비꼬는 마음이 들었을 텐데 그날만은 아버지의 그 말이 이상하게도 '나는 널 사랑한다.'는 뜻으로 번역되어 들렸다. 그것은 그때 아버지가 나에게 했던 말 "미안하다." 그 한 마디의 감동이 가져다준 선물과도 같은 것이었다.

어떤가. 여러분은 이 한 편의 스토리텔링에서 감동 대화의 포인트를 잡았는가. 그것은 바로 평소 상대가 꼭 듣고 싶은 말인데도 어떤 체면 때문에, 아니면 잘 몰라서 못 해주고 있었던 말을 해주는 것에 있다.

김창옥 교수 아버지의 경우 자식에게 '미안하다.'는 단지 네 글자의 말이었다. 이 네 글자의 말이 수십 년간 얼어붙었던 김창옥 교수의 마음을 녹여버렸다. 김창옥 교수와 아버지 간에 이보다 더 효과적인 감동 있는 스토리텔링은 없다.

우리도 마찬가지다.

당신으로부터 "미안하다."는 말을 듣고 싶어 하는 누군가가 있을지 모른다. 이때 그 사람에게 이 말을 해주는 것, 그것보다 감동을 주는 스토리텔링 대화는 없다.

최근 나는 우리 부모님들로부터도 이런 감동 있는 스토리텔링 대화를 목격하였다.

아버지는 평생 어머니에게 사랑한다는 말을 한 적이 없었다. 그런 아버지가 어느 날 어머니에게 사랑한다는 고백을 하셨다. 그것도 낼모레 팔십을 앞두고 말이다.

아버지는 노구에 마음건강이 안 좋아지면서 내가 권해드려 난생처음 교회를 나오시게 되었다. 그러면서 많은 변화가 일어났다. 어머니도 마찬가지였다.

두 분은 사이가 그리 썩 좋은 편은 아니어서 종종 다투셨는데 이때 젊은 시절과 달리 어머니의 목소리가 더 컸었다. 그런 어머니가 교회를 나오고부터 마음을 고쳐먹고 짜증을 덜 내시게 되었다.

아버지도 건강이 좋아지시면서 어머니를 대하는 태도가 많이 달라지셨다. 그러던 어느 날 아버지가 어머니에게 이런 말을 던지신 것이다.

"나와 함께 해주어 고마워. 사랑합니다."

물론 교회에서 배운 탓도 있겠지만 아버지의 말을 들으신 어머니의 눈가가 촉촉이 젖는 것을 목격할 수 있었다. 평생 부부로 살면서 "사랑합니다."라는 말 한 마디 안 하고 사는 부부가 의외로 많은 것을 본다. 부부 간에 가장 감동을 주는 스토리텔링 대화는 "사랑합니다."이다.

만약 누군가 이 말을 듣기 원하는데 아직 못 해주고 있다면 용기 내어 해보기를 바란다. 그때 상대는 감동을 받을 수밖에 없다.

사람들이 대화중에 감동을 받는 포인트는 가장 '인간적인' 대화를 나눌 때다. 여기서 '인간적인'이란 '인간성이 담긴'이란 뜻도 된다. 인간성이 담겨 있는 단어에는 '사랑', '미안' 외에도 다음과 같이 여러 가지가 있을 수 있다.

"사랑합니다."
"미안합니다."
"인정합니다."
"힘들었죠."
"가슴이 아파요."
"슬프네요."
"행복합니다."

이런 말들을 내 진정성과 묶어 스토리텔링한다면 상대는 분명 감동할 수밖에 없을 것이다.

의미 있는 스토리텔링 대화

인간은 재미와 감동만으로 살아갈 수 없는 존재다.

아무리 재미있는 영화를 많이 보고 감동적인 장면을 많이 봐도 돌아서면 여전히 허한 가슴 한구석이 남아 있음을 느끼는 게 인간이다. 그 이유는 다시 현실로 돌아왔을 때 이해할 수 없는 세계가 펼쳐지기

때문이다. 도대체 왜 이런 일들이 일어나는지 인간의 깊은 내면세계
는 그것을 알고 싶어 한다. 그리고 이러한 시대에 어떻게 사는 것이 맞
는지에 대해서도 알고 싶어 한다. 이런 모든 것과 관련된 지식을 이 책
에서는 '의미'라 표현한다.

늘 인간의 마음 한구석에 남아 있는 허함은 바로 이 의미를 추가
할 때 비로소 채워진다.
한 지인이 최근 나에게 이런 이야기를 했다. 그는 무려 예닐곱 개
의 모임을 갖고 있는 사람이었다.

"아! 모임이 너무 많아도 정신이 하나도 없어. 처음엔 외로움을 달
랠 수 있어 좋았는데……. 나가도 매일 먹고 노는 게 전부니 이런 모임
을 계속하는 게 무슨 의미가 있을까 하는 생각이 들어. 이제부터 하나
씩 정리해야 할까 봐."

아마 정상적인 직장생활을 하는 사회인이라면 공감하는 사람들이
많을 듯싶다. 사실 청년세대가 아닌 기성세대가 오늘날 억지로라도
많은 모임을 갖는 이유는 그 모임에서 의미를 찾기보다 '체면', '과시'
때문일 가능성이 더 높다.
'나는 이렇게 주변에 사람이 많다.' 또는 나중에 자식 결혼식에 사
람들이 많이 와야 하므로, 부모님 장례식에 초라하게 보이지 않아야

하므로…… 등등의 이유 때문에 그 모임들을 끌어가고 있는 것이다.

그때 사람들에게 '잘살았다.'는 말을 듣게 될 것이므로.

하지만 이런 모습은 경쟁을 바탕으로 한 삶의 힘을 보여주기 위한 것일 뿐이지 '삶의 의미'와는 거리가 멀다.

삶의 의미란 '진실'에 있지 '과시'에 있지 않다.

의미 있는 스토리텔링이란 바로 이와 같은 삶의 의미에 접근하는 대화에 능한 기술이다.

의미 있는 스토리텔링 대화의 예로 김미경 강사를 소개하고 싶다.

다음은 그녀가 겪은 의미 있는 스토리텔링의 에피소드다.

김미경 강사는 젊은 시절 피아노학원을 운영했었다. 학원 운영이 잘돼 날로 번창해 나갈 때였다. 갑자기 동네에 자신에 대한 안 좋은 소문이 나돌기 시작했다. 알고 보니 동네에서 가장 영향력이 큰 엄마가 그런 소문을 내고 다니는 것이 아닌가.

배신감도 느끼고 모멸감도 느꼈지만 이십 대의 젊을 때라 어떻게 이 문제를 해결해야 할지 몰랐다.

그녀는 두려운 마음도 있어 감히 그녀 앞에 나서질 못했다. 하지만 이렇게는 문제를 해결할 수 없어 뭔가 대책을 세워야 하는 상황이었다.

그녀는 생각했다. 그 엄마와 관계를 끊어버리면 문제가 해결되지 않을까? 하지만 그 엄마의 영향력이 워낙 커 그랬다간 피아노학원이 치명상을 입을 판이었다.

등을 맞대고 있는 상황에서는 도저히 문제를 해결할 수 없겠다 싶어 그녀는 '맞대고 있던 등을 돌려' 그 엄마를 바라보았다.

그때 그녀는 놀라운 것을 발견하였다. 바로 '거리'였다. 이전까지 그녀는 그 엄마와 가까운 거리에 있다고 판단했다. 하지만 그녀는 저 멀리서 메가폰을 들고 자신을 욕하고 있었다.

그때 그녀는 사람마다 마음의 거리가 다름을 보았다. 자신은 차별을 두지 않는다는 생각에 모든 엄마들을 똑같은 거리로 두고 대했지만, 그 엄마들 입장에서는 그 정도 거리로 만족하는 사람이 있는가 하면 서운해하는 사람도 있다. 좀 더 가까운 거리를 원하는 엄마도 있는 것이다.

알고 보니 메가폰을 든 그 엄마는 그녀와 가까운 거리를 원하는 그런 사람이었다. 그런데 마치 멀리하는 것처럼 보였으니 마침내 메가폰을 들게 된 것이었다.

사람 사이의 거리가 멀수록 목소리는 커질 수밖에 없다. 그냥 목소리로는 안 되고 메가폰을 들고 외쳐야 하는 것이다.

김미경 강사는 당장 거리를 좁혀 그녀를 찾았고 함께 차도 마시고 식사도 나누며 다정한 대화를 나누었다. 그랬더니 그 엄마의 목소리는 금세 작아졌다. 거리가 가까우니 굳이 큰 소리 칠 필요가 없어졌던 것이다.

우리는 위의 이야기에서 의미 있는 스토리텔링의 포인트를 찾을 수 있다. 그것은 바로 '맞대고 있던 등을 돌려'라는 어구와 '거리'라는 단어의 쓰임이다.

대부분의 사람들은 어려운 문제가 터지면 일단 그것을 피하고 보려는 습성이 있다. 하지만 이래서는 문제를 해결할 수 없다. 최소한 그 문제를 바라보기라도 해야 문제의 해결책에 접근할 수 있다. 그런 점에서 '맞대고 있던 등을 돌려'라는 어구는 우리에게 많은 의미를 던진다. 드디어 문제와 직면하여 해결책을 찾으려 하는 순간이 되기 때문이다.

또 거리라는 단어 역시 마찬가지다.

인간관계에는 분명 거리가 있다. 하지만 이러한 거리에는 객관적 거리만 있는 게 아니라 주관적 거리도 있다.

어떤 사람은 1미터의 거리가 가깝다 여기지만 어떤 사람은 이 거리도 멀다고 느낀다.

문제를 일으킨 엄마의 주관적 거리는 다른 사람들보다 훨씬 좁았다.

김미경 강사는 문제가 터지기 전에는 몰랐던 이 엄마의 주관적 거리를 문제가 터진 후에 보게 된 것이다. 덕분에 그녀는 상대에게 다가가 지혜롭게 문제를 해결할 수 있었다.

의미 있는 스토리텔링이란 이처럼 의미 있는 문장이나 어구나 단어를 발견하는 것에서 시작된다.

이때 반드시 의미 있는 문장이나 어구나 단어를 자신의 경험 속에 녹여서 이야기하는 것이 중요하다. 만약 김미경 씨가 다른 사람 이야기를 하면서 '거리'를 대입시켰다면 의미는 반감되었을 것이다. 명심하자.

자신의 경험이 담긴 스토리텔링보다 더 강한 임팩트를 주는 것은 없다.

나 역시 의미 있는 스토리텔링 대화를 경험한 적이 있다.

한 모임에서 각자의 경험을 나누는 자리였는데 내 차례가 되었다. 나는 다음과 같은 이야기를 하였다. 앞의 '이기는 대화기술' 장에서 일부 언급한 부분이기도 하다.

"아침마다 큰애를 학교까지 데려다주는데 늦잠을 자 애를 먹었어요. 아침 출근 시간에 5분 늦으면 나는 1시간 이상을 낭비해야 하거든요. 그래서 고민하다가 어떻게 하면 아이들이 부모 말을 잘 듣는지 인터넷 검색을 하게 되었어요. 그때 명령 대신 부탁해보라는 글이 있었어요. 돌이켜보니 큰아이에게 주로 명령 투의 말을 했던 기억이 나 그게 공감되었어요. 그래서 당장 큰아이에게 명령 대신 부탁을 해보았지요. '아빠가 바빠서 그러니 아침에 10분만 일찍 일어나주면 안 되겠니?' 하고 말이죠. 그랬더니 큰아이가 대뜸 '네, 그럴게요.' 하고 받아주는 게 아니겠어요. 실제 아이는 10분 일찍 일어났고 덕분에 이번 주는 아주 편하게 아침 시간을 활용할 수 있었어요. 아이들에게 명령 대신 부탁하는 방법, 이거 꽤 괜찮은 것 같아요."

그랬더니 생각지도 않게 반응이 뜨거웠다. 나도 한번 해봐야겠다, 맞는 말이다…… 등.

실제로 어느 한 분은 자신의 경험담을 늘어놓기도 했다.

자기도 아이들에게 명령했다가 관계가 좋지 않았던 것을 부탁으로 바꿔 효과를 본 적이 있다고!

만약 우리의 대화가 자주 이런 식으로 진행된다면 우리 생활은 유익하게 변해갈 수밖에 없을 것이다. 이것이 바로 의미 있는 스토리텔링 대화가 주는 유익이기도 하다.

의미 있는 스토리텔링 대화를 디자인하고 싶다면 앞에서도 이야기했듯 의미를 주는 강의, 독서 등을 많이 접해야 한다. 재료가 있어야 요리를 할 수 있는 것처럼 이런 것들을 많이 접해야 이것들이 재료가 되어 나도 의미 있는 스토리텔링의 주인공이 될 수 있다.

Think episode

chapther 08 스토리텔링 대화
〈핵심 문장 정리〉

❶ 스토리텔링은 그냥 스토리를 전달하는 것이 아니다. 스토리를 전달받는 사람으로 하여금 재미나 의미나 감동을 주기 위해 재가공하여 전달하는 것이 곧 스토리텔링이다.

❷ 사람들은 대화 속에서 유익을 얻기 원하고 힐링을 누리기 원하며 삶의 의미를 찾기 원한다.

❸ 재미가 없으면 자칫 지루해질 수 있다. 감동이 없으면 메마를 수 있다. 의미가 없으면 삶의 목적을 상실할 수 있다. 인간은 재미를 추구하고 감동하며 의미를 찾는 동물이다.

❹ 격언이나 명언, 속담은 복잡하게 흐트러져 있는 우리네 삶을 한 문장으로 요약해 주는 힘이 있다.

❺ 삶의 의미란 '진실'에 있지 '과시'에 있지 않다.

❻ 자신의 경험이 담긴 스토리텔링보다 더 강한 임팩트를 주는 것은 없다.

---
chapther 09

유쾌한 대화, 맛깔 나는 대화

유쾌한 대화를 이끄는 방법

그냥 목적 없이 일상적인 대화를 나누었을 때 가장 기분 좋은 대화는 어떤 대화일까?

나는 유쾌한 대화라고 생각한다. 그냥 즐거운 대화를 나누어도 대화 후 느낌이 좋지 않다면 좋은 대화를 나누었다고 볼 수 없다.

'유쾌한'이란 '즐겁고 상쾌한'이다. 즉 즐거움과 함께 느낌까지 좋은 것이 유쾌함이다.

만약 어떤 모임에서 대화를 나눈다고 할 때 그 모임 중에 유쾌한 대화를 이끌 줄 아는 사람 한 사람만 있어도 모임의 분위기가 산다. 그가 유쾌한 대화를 잘 이끌기 때문이다.

반대로 모임에 유쾌한 대화를 할 줄 아는 사람이 없으면 모임의 대화는 무미건조해질 수밖에 없다. 이런 모임은 오래가기도 힘들 수도 있다.

그럼 어떻게 해야 일상적인 대화 속에서 유쾌한 대화를 이끌 수 있을까?

먼저 대화에 웃음이 있어야 하고 즐거움이 오가야 한다. 혼자 즐거운 것은 안 되고 즐거움이 오가야 한다. 이 점이 중요하다.

웃음과 즐거움이 있기 위해서는 진지한 투의 대화는 피해야 한다. 조금은 가벼우면서도 재미있게 말할 줄 알아야 한다. 자신에게 이런 재주가 부족하다면 예능의 토크 프로를 많이 볼 것을 권장한다.

질량의 상대성 원리에서 작은 질량은 큰 질량의 중력을 받는 것처럼 유쾌하게 대화가 오가는 모습을 자주 보다 보면 그 영향을 받아 자신도 모르는 사이 불쑥불쑥 그런 대화가 나오게 된다.

유쾌한 대화의 첫 번째 재료는 '가볍고 재미있는 말'이다.

재미있게 말하는 재주가 있어야 한다. 그러면 첫 번째 나타나는 반응이 상대의 환한 미소다. 말에는 반사법칙이 있으므로 상대도 재미있는 말을 반사하여 내놓게 된다. 이렇게 재미있는 말과 말이 오가며 웃음이 유발되고…….

그래서 그 대화는 유쾌한 대화가 된다.

만약 내가 모임을 이끌어야 한다면 처음에 내가 먼저 가볍게 재미

있는 말을 던져보자. 그것이 마중물이 되어 모임의 대화는 유쾌한 대화로 발전하게 될 것이다.

유쾌한 대화의 두 번째 재료는 '큰 웃음'이다.

만약 대화를 하는 중에 하하하 호호호 하는 큰 웃음이 유발된다면 이 대화는 반 이상 성공한 것이나 다름없다.

웃음은 긍정 에너지를 품어내므로 유쾌한 대화를 위한 최고의 맛을 내는 양념이다. 맛있는 음식은 누구나 달려들어 먹는 법이다. 마찬가지로 웃음, 그것도 큰 웃음으로 맛있는 양념을 친 대화에 모두가 달려들어 유쾌하게 이끌 것은 두말할 나위가 없다.

유쾌한 대화에서 조심해야 할 것은, 즐거움과 웃음이 오가야 한다는 점이다. 만약 나 혼자 즐거워서 떠들어대고 있다면 이것은 오히려 상대에게 피해를 주므로 피해야 한다. 나는 즐겁지만 상대는 지금 즐거운 기분을 느낄 여유가 없는 상태일 수도 있다. 따라서 유쾌한 대화를 하려 할 때 가장 중요한 것은 상대의 기분을 잘 간파하는 것이다.

대개 이런 감각은 여자가 남자보다 예민하다.

무딘 남자들은 이런 여자들의 감각도 모른 채 혼자 재미있는 대화를 막 던지다가 자칫 유쾌한 대화를 망치는 경우가 종종 있다. 이러한 상대의 기분을 잘 간파하는 것을 요즘 유행하는 말로 '촉'이라 한다.

따라서 유쾌한 대화를 위해 가장 중요한 세 번째 재료는 '상대의 기분을 감지하는 촉'이라 할 수 있을 것이다.

맛깔 나는 대화가 있다

어떤 사람을 보면 맛깔나게 대화를 잘하는 사람들이 있다. 다음은 싸군상담소에서 진행하는 싸이와 공유가 나누는 '시간가는 줄 모르고 듣는 맛깔 나는 토크'의 일부분이다.

공유: 한 주 동안 잘 지내셨어요?

싸이: 네, 잘 지냅니다. 요즘 공유 씨가 제 운동을 시키시잖아요. 몸이 좀 아파요. 저녁을 고무마랑 계란만 먹게 하잖아요. 아아. 정말 힘들다, 요즘.

공유: 하하하하, 들어오시는데 약간 풀이 죽었네요.

싸이: 몸도 너무 아프고······. 그리고 공유 씨가 평소 저한테 억눌렸던 것들을 코치질을 하면서 풀어요. 둘, 셋······. 어구 잘한다. 저 표정 봐. 왜 이렇게 기운이 없어? 넷, 다섯······. 어이구 잘한다, 하면서······. 그러면서 쿡쿡쿡쿡 쳐요. 이런 데를!

공유: 하하하하.

싸이: 근육 좀 키우려고 시작한 건데 정말 아프네요. 근데 제가 근

육이 있긴 있던가요?

　공유: 물론이죠. 누구나 근육은 다 있어요. 숨어 있어도 제 눈엔 다 보여요. 아무리 숨어 있어도 다 끄집어 내고 말 테야!

　싸이: 제가 DJ로는 공 DJ보다 한 달 선임이죠. 그런데 공 코치가 운동을 할 때만큼은 경어를 써달라고 부탁을 해가지고……. 심지어 저를 회원님이라고 부르세요!(비꼬는 말투)

　공유: 하하하, 회원님 마음에 안 드시면 사장님이라고 할까요?

　싸이: 너무 내보이신다……. 뭐부터 할까요?

　공유: 으하하하……. 느닷없이……. 알아서 하십시오.

　위 대화를 살펴보면 대화에 맛이 묻어 있음을 볼 수 있다. 맛이 느껴지지 않는다면 이 대화에서 맛을 뺀 일상적 대화로 바꾼 다음 대화를 읽어보자.

　공유: 한 주 동안 잘 지내셨어요?

　싸이: 네, 잘 지냅니다. 그런데 요즘 공유 씨가 제 운동을 시키시잖아요. 그것 때문에 근육에 알이 배여 좀 힘드네요.

　공유: 하하하하, 갑자기 운동을 해서 그런 거예요.

　싸이: 운동을 좀 약하게 시켜주시면 좋을 텐데…….

　공유: 하하하하.

　싸이: 근육 키우는 게 쉽지 않은 것 같아요. 근데 제가 근육이 붙고

있긴 한가요?

공유: 물론이죠. 열심히 하시니까 근육이 붙을 겁니다.

싸이: 헬스장에선 제가 후배이니 잘 부탁드립니다.

공유: 예, 알겠습니다.

싸이: 그럼 오늘 사연부터 알아볼까요?

공유: 네.

어떤가. 어딘가 밋밋해 보일 것이다. 맛깔 나는 대화에서 맛을 뺐기에 나타나는 현상이다.

사실 우리의 일상대화 중 맛이 빠진 대화는 대부분 이렇게 무미건조하게 진행된다. 그러니 별로 재미가 없다. 그런데 앞의 대화처럼 맛을 입히면 대화가 훨씬 재미있고 맛이 살아난다. 그래서 맛깔 나는 대화가 중요하다.

맛깔 나는 대화는 대화를 지루하지 않게 하고 재미있고 흥미롭게 이끄는 힘이 있다. 정말 맛깔 나는 말을 잘하는 사람의 말을 듣다 보면 빨려들며 시간가는 줄 모르게 된다.

예능이나 라디오 토크쇼에 등장하는 연예인들이 인기를 끄는 이유는 그들이 맛깔 나는 말을 할 줄 알기 때문이다.

다음 인기 개그우먼 이영자의 맛깔 나는 대화를 들어보자.

이영자가 개그맨 김영철과 친구들을 집에 초대했다. 멋진 집에 진수성찬을 차려놨기에 김영철이 감탄하여 이영자에게 "누나, 정말 멋있다. 여성스러워." 하고 말해주었다. 그러자 이영자가 오버를 한다. 이영자는 김영철의 1단계 말에 2단계 반응을 하는 게 아니라 7단계 반응을 하는 특징이 있다.

"내 인생에 종점이 너였으면 내가 왜 그동안 살을 빼고 고생을 했겠니!"

그런 김영철에게 이영자가 옷을 사주었다. 그래놓고 김영철이 그 옷을 입고 촬영 현장에 나타나면 이렇게 말한다.

"누가 사줬니? 얘기를 해, 사람들한테, 사람들은 몰라. 네 입으로 얘기를 하라고, 영자 누나가 사 줬다고."

그래서 왜 옷을 사줬냐고 물었더니 다음과 같이 대답한다.

"영철이가 추잡스럽게 다니는 게 싫더라고요. 그래도 좀 갖춰 입은 녀석이 좋아해 줘야 내가 올라가 보이는데……. 그래서 잠바……."

이영자의 말투를 잘 살펴보면 맛이 철철 넘쳐난다. '내 인생에 종점'이란 표현은 그냥 내 인생의 목표라는 말보다 훨씬 맛깔스럽다. 이 말 하나 때문에 뒤이어 나오는 말 전체가 살아난다.

또 두 번째 멘트에서도 "내가 사줬다고 얘기 좀 해."라고 일반적으로 말하는 것보다 훨씬 맛이 산다.

세 번째 멘트 역시 마찬가지다. '추잡스럽게', '좀 갖춰 입은 녀석이 좋아해 줘야'라는 표현은 대화의 맛을 훨씬 살리는 역할을 하기에 부족함이 없다.

대화에 맛을 입힐 때 써먹을 수 있는 사투리들

대화에 맛을 입힐 줄 아는 사람들은 사실 좀 타고나는 면이 있다. 그래서 그들은 주로 말로 먹고 사는 직업을 갖게 된다.

나는 대화의 맛을 가장 잘 입히는 사람으로 김창옥 교수를 들고 싶다. 그는 아버지와 어머니가 싸우는 모습을 이렇게 표현했다.

"또 엄마하고 또 엄청 험한 말을 하시는 거예요. 소학교 애들이 하는 말. 뭐, 이런 씨발이야, 너는 십장생이다 개나리야 하면서…… 뭐 집안이 에버랜드인 거예요. 뭐 동물 나오고 난리가 아니에요."

좀 거친 말이긴 하지만 김창옥 교수의 말을 살펴보면 그야말로 맛깔이 철철 넘쳐흐른다. 김창옥 교수를 통해서 말의 맛깔이란 결국 관심을 빨아들이는 남다른 표현이라 정의할 수 있을 것이다.

보통의 사람들이 이런 표현을 한다는 것은 거의 어렵다. 방법이 한 가지 있다면 소설가들이 문장연습을 할 때 사용하는 필사의 방법을 쓸 수 있겠다. 즉 자신이 흉내 내고 싶은 말을 아예 외워서 따라해 보는 것이다.

그 외 맛깔을 입히는 방법으로 사투리를 적절히 사용하는 것이 있다.

언제부턴가 영화에서 사투리가 많이 등장하는데 이는 나름의 이유가 있기 때문이다. 표준말에 식상한 관중들에게 영화의 맛깔을 입혀 주기 때문이다.

대표적 사투리 영화로 장동건, 유오성 주연의 〈친구〉가 있는데 만약 이 영화에 표준말이 쓰였다면 성공했을지 미지수다. 투박한 경상도 사투리가 하드보일드 영화의 맛을 살리기에 안성맞춤이다.

이 때문에 사투리를 잘 쓰는 사람들에게 "맛깔나게 말한다."는 표현을 쓴다. 따라서 나도 내 말에 맛깔을 입히고 싶다면 사투리 몇 개쯤 익혀 사용해보는 것도 내 말에 맛깔을 살리는 좋은 방법이 될 수 있다.

다음에 맛깔 나는 사투리의 몇 가지 예를 살펴보자.

〈전라도 사투리〉

아따, 반갑구만이라.

징하게 날씨가 좋아 부러.

나 환장하겄네.

어째야 쓰까나.

허벌나게 웃겨 죽고잡네이.

〈경상도 사투리〉

마음에 안 등다 그 카드나? 계속 꼬시보지?

만다꼬?(뭐 하려고 그래.)

가스나야 일로 쫌 와봐라.

와 이카노.

문디 가스나.

우야꼬.

영화나 한 편 때리러 갈래?

내사 패안타.

〈충청도 사투리〉

기여, 뭐여, 아녀.

이를껴, 잘될껴.

전화햐~ 공부햐~ 알아서 햐~.

가생이. (가장자리.)

다쳐 아서라~. (하지 마라.)

아래 글은 얼마 전 강원도 한 마을의 방송을 담았던 내용을 누가 인터넷에 올린 글이다. 생소한 강원도 사투리이지만 얼마나 정감 어리는 말투인지 독자 여러분도 음미해보기 바란다.

주민 여러분들, 알코 디레요. (알려드립니다.)

클나싸요, 클나싸요. (큰일났어요.)

운제 맹금 (이제 방금) 박 씨네 집에 도사견 쪼이(쫑이)

노끄느 살살 매나가주 지절로 풀래 내떼가지구(끈을 느슨하게 매어 놔서 저절로 풀려 도망가서)

신장로르 치띠구 내리띠구 고니 지랄 발괄하민서(큰길로 이리 뛰고 아래로 뛰고 미친듯 발광하면서) 해꼬지를 하구 돌아댕기구 있써요.

다음은 대표적 부산 사투리 영화로 유명한 〈보안관〉에 나오는 맛깔 나는 대사들을 소개한다.

한 꼬푸 하이소 행님. (한 컵 드세요, 형님.)

그래 마 촉촉하이 한잔하고 이자뿌이소. (네, 그만 촉촉하게 한잔 하시고 잊어버리세요.)

엥가이 쫌 해라. (적당히 좀 해.)

쓰메끼리 있으면 확 다 쭈사뿌고 싶다. (손톱깎이가 있으면 확 다 쪼개버리고 싶다.)

Think episode

chapther 09 유쾌한 대화, 맛깔 나는 대화

〈핵심 문장 정리〉

❶ 즐거운 대화를 나누어도 대화 후 느낌이 좋지 않다면 좋은 대화를 나누었다고 볼 수 없다.

❷ 혼자 즐거운 것은 안 되고 즐거움이 오가야 한다. 이 점이 중요하다.

❸ 유쾌한 대화의 첫 번째 재료는 '가볍고 재미있는 말'이고 두 번째 재료는 '큰 웃음'이다.

❹ 유쾌한 대화에서 조심해야 할 것은, 즐거움과 웃음이 '오가야' 한다는 점이다.

❺ 유쾌한 대화를 위해 가장 중요한 세 번째 재료는 '상대의 기분을 감지하는 촉'이라 할 수 있을 것이다.

❻ 말의 맛깔이란 결국 관심을 빨아들이는 남다른 표현이라 정의할 수 있을 것이다.

3부

진짜 이기는
대화를 하려면

지는 것이 이기는 것이다

이긴 게 이긴 게 아니다

대화를 하다 보면 언쟁이 붙는 경우가 있다. 이때 보통 사람들은 발끈하여 어떻게든 지지 않으려 자신의 주장을 최대한 동원한다.

이런 일을 쉽게 볼 수 있는 곳이 토론 현장이다.

나는 토론 프로그램을 좋아해 방송사 토론 프로그램은 빼놓지 않고 보는 편이다.

TV 토론을 보면 특히 주제가 정치일 경우 여야를 대표하는 국회의원과 이들 이념을 각각 대표하는 학자나 교수가 출연한다.

이들의 토론을 듣고 있다 보면 서로 치고받는 싸우는 대화가 대부분이다. 거기에 한 치의 양보도 없으며 상대의 주장을 인정하는 일도 일체 없다.

이런 토론 프로그램의 시간은 대개 100분에서 2시간 내외인데도 당최 결론이 나지 않는다. 오로지 상대를 공격하는 말과 자신의 주장만 난무하다가 결국 시간이 다 되어 끝나 버리고 만다.

대부분의 토론 프로그램이 이런 식으로 진행되며 더 많이 치고받고 싸울수록 더 인기 있는 토론 프로그램이 된다.

수년간 이런 토론 프로그램을 봐 오면서 과연 이런 토론이 필요할까 하는 의문을 갖게 되었다.

사실 그들이 주장하는 내용은 뻔하다.

토론은 그 주장을 확인하는 차원 그 이상도 이하도 아니다.

세상에 싸움 구경이 제일 재미있다는 것처럼 그냥 서로 싸우는 모습이 재미있어 토론 프로그램에 열광했는지도 모른다. 그런데 어느 날부터 여야의 의견에 대해서는 이미 전 뉴스를 통해 다 알 수 있기에 그들의 주장을 확인하는 차원의 이런 토론 프로그램은 더 이상 볼 필요가 없다는 결론에 이르렀다. 싸움 구경 외에 큰 유익이 없는 것이다.

토론 프로그램은 시간이 무려 2시간 전후로 진행되기에 시간 낭비도 심하다.

토론 프로그램에 등장한 이들은 대화의 개념을 힘으로 이기는 것이라 생각하고 나온다. 만약 상대편에게 지면 끝장이라는 생각인 것이다.

과연 토론은 승자와 패자를 가르기 위해 펼쳐놓은 장인가?

토론(討論)의 사전적 의미는 '어떤 문제에 대하여 각자 의견을 말하고 논의하는 것'이라 되어 있다. 여기서 의견을 말하는 방식이 토討(칠 토)이므로 서로 격렬하게 의견을 교환하는 것까지는 토론의 의미에 부합한다. 하지만 토론의 근본적 목적은 론論에 있다.

론의 뜻은 단지 논의하는 것을 넘어 말言의 합슴을 이루어 쓸 만한 것用을 도출해내는 데 있다.

즉 토론의 목적은 서로 치고받는 언쟁을 통하여 합에 이르고 유용한 결론을 도출해내는 데 있는 것이다.

여기에 승자도 패자도 없다. 모두가 승자가 되는 것이다. 그런데 지금의 토론 방식은 반쪽짜리만 남은 채 본질은 왜곡돼 버렸다. 그러니 사람들도 더 이상 결론 나지 않는 토론을 보고 싶어 하지 않는 것이다.

안타까운 것은 이런 토론에서 우위를 점한 사람들은 인기를 끈다. 토론에 밀린 사람들은 질타를 받는다. 이것이 토론을 보는 사회분위기다. 그러니 출연자들이 토론을 통하여 국가에 이익이 되는 결론을 내려 하기보다 어떻게든 상대를 눌러 이기려는 생각이 강해질 수밖에 없다.

그렇다면 이기는 것이 진정 이기는 것이 될까?

나 역시 토론 대화의 올무에 걸려본 일이 많다.

주 대상은 나의 아내가 될 때가 많다. 주제는 주로 교회 문제다.

아내가 교회 문제의 해법에 대해 먼저 말을 걸어온다. 그러면 나는 내 주장을 이야기하게 된다. 이에 대해 나와 너무 생각이 다른 아내가 발끈한다. 나도 질세라 아내를 공격한다.

우리의 토론 대화도 늘 이런 식으로 진행되었다.

나는 내 주장이 훨씬 논리적이라 생각되어 결코 지려 하지 않았다. 문제는 아내 역시 절대 기세가 꺾이지 않는다는 점이다. 이렇게 서로 치고받는 대화가 오가다가 전세가 내 쪽으로 기운다. 내 주장이 더 논리적이었기 때문이다.

나는 이겼다는 생각에 속으로 환호를 지른다. 하지만 아내는 자존심이 상해 표정이 일그러진다. 이렇게 나는 대화에는 이겼지만 다시 부부냉전의 고통을 겪어야 하는 모순에 빠진다.

이긴 게 이긴 게 아닌 것이다.

지는 것이 이기는 것이다

이기는 게 이기는 것이 아니라면 지는 게 이기는 것일까? 사실 '지는 것이 이기는 것이다.'라는 말은 예로부터 전해오는 속담이기도 하다.

이 말이 속담이라면 최소한 이 말은 거짓이 아님을 뜻한다. 도대체 이게 어떻게 된 것일까?

지금까지 우리는 교육을 통하여 또 환경을 통하여 이기는 것이 정답이라 배워왔다. 그런데 지는 게 이기는 것이라니, 이것을 어떻게 받아들여야 할까?

사실 우리가 눈으로 보고 있는 세상은 진실보다는 왜곡된 것이 훨씬 많다. 예를 들어 지구의 땅덩어리가 꽉 채워져 있다고 생각하지만 사실 빈공간이 훨씬 많다. 이는 과학적으로도 얼마든지 증명할 수 있다.

지구를 구성하는 물질은 모두 원자로 구성되어 있다. 그런데 원자라는 게 다음 그림과 같이 원자핵과 전자로 이루어져 있다.

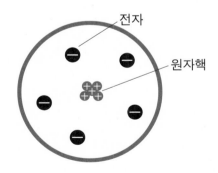

하지만 위 그림은 지면이 모자라 이해하기 쉽도록 하기 위해 표현

한 가상적 원자의 모습일 뿐이지 실제 원자에서 원자핵이 차지하는 부피는 운동장에서 모래 알갱이 하나에 지나지 않는다. 또 전자는 그보다 더 작다. 그러니 원자를 이루는 부피의 대부분은 빈공간이 차지하게 된다. 쉽게 비유하자면 운동장 크기에서 모래 알갱이 몇 알 외에 나머지는 모두 텅 비어 있는 모습이 원자라는 것이다.

모든 물질은 이처럼 빈 공간 투성이인 원자의 결합으로 구성된다. 인간의 몸도 예외가 아니며 자연의 돌도 흙도 예외가 아니다. 그런 점에서 지구를 보자면 지구는 온통 빈 공간 투성이의 행성이다. 그런데도 사람의 눈에는 꽉 차 보이므로 사람들은 지구가 물질로 꽉 차 있는 곳이라 믿고 있다.

이런 현상은 우리가 믿고 있는 지식에서도 일어난다.

사람들은 약은 좋은 것이고 독은 나쁜 것이라 믿고 있지만 때론 약이 독이 되기도 하고 독이 약이 되기도 한다.

사람들은 빛은 좋은 것이고 어둠은 나쁜 것이라 믿지만 빛과 어둠은 공존하는 것이니 좋고 나쁨이 아니다. 어둠 없는 빛은 존재할 수 없기 때문이다.

민주주의에서 다수결이 정답이라 믿지만 소수에 정답이 있을 수 있다. 대표적 예가 소크라테스 사건이다.

당시 아테네 시민들은 다수결로 소크라테스의 처형을 판결 내렸지만 이는 역사적 오판으로 기록되고 있다. 때로는 소수에 정답이 있는 법이다.

'이기는 것이 좋다.'라는 개념도 마찬가지다.

사람들은 무조건 이기는 것이 좋다고 믿고 있지만 사실 지는 것이 이기는 것이 될 수도 있다. 그렇다면 '지는 것이 이기는 것이다.'라는 속담은 어떤 의미로 나오게 된 걸까?

'지는 것이 이기는 것이다.'라는 속담은 敗者卽勝者也(패자즉승자야)가 된다.

인간이 벌이는 경기나 전쟁에는 필시 승자와 패자가 있기 마련이다. 이때 승자가 패자의 입장에서 패자를 바라보면 자신으로 인해 상처받는 존재가 된다. 즉 자신이 상대에게 해를 가한 것이 되니 승자는 도리어 패자가 되고 만다.

또 패자의 입장에서 승자를 바라보면 자기의 희생으로 인해 상대가 빛나는 모습이 되었다. 그런 면에서 패자 자신 또한 승자나 마찬가지다. 사실 진짜 이긴 사람보다 뒤에서 희생한 사람의 공이 더 크다고 볼 때 패자야말로 진정한 승자가 되기도 한다.

지는 자가 이기는 자란 말은 바로 이 때문에 나온 말이라 할 수 있다.

이처럼 경기나 전쟁에서 본질적인 승리란 있을 수 없다. 보는 시각에 따라 모두가 패자가 될 수도 있고 모두가 승자가 될 수도 있다.

내 중심의 시각이 왜곡을 만들어낸다

그렇다면 왜 이런 왜곡이 생기는 것일까?

'무조건 이기는 것이 좋은 것이다.'라는 시각은 지극히 내 중심적인 시각으로 보기에 나타난 결과다.

아래와 같은 지구본이 있다고 했을 때 지구본 전체의 모습이 실체라 할 수 있다. 하지만 한쪽 면만을 보는 내 중심의 시각으로는 지구본의 실체를 볼 수 없다. 계속 한쪽 면만을 보고 지구본의 실체를 판단하는 왜곡된 모습을 보게 되는 것이다. 그래서 내 중심의 시각으로만 세상을 보면 왜곡된 실체를 볼 수밖에 없다. 반드시 전체의 시선으로 봐야 진짜 실체를 볼 수 있다.

우리는 인간 사회에 일어나는 일 중 눈으로 확인한 사실은 진실이

라 생각하지만 실상은 그렇지 않은 것들이 많다. 그것은 단지 지금의 언론 환경만 봐도 쉽게 이해할 수 있다.

좌파언론에서 주장하는 사실을 우파들은 믿지 않는다. 반대로 우파언론에서 주장하는 사실을 좌파들은 믿지 않는다. 그러다 보니 도대체 어느 게 진실인지 알 수 없는 세상을 살고 있다.

만약 가운데서 보는 눈이 있다면 좌파언론의 사실도 우파언론의 사실도 진실에서는 벗어나 보일 것이다.

이처럼 우리는 진실이 무엇인지 알 수 없는 왜곡의 세계를 살고 있다. 즉 우리의 눈으로 보고 있는 실상들은 모두 진실이 아니며 왜곡으로 점철돼 있다. 사회가 둘로 나뉘어 있을수록 이러한 현상은 더욱 심해진다.

정리하면, 우리가 눈으로 보고 있는 현상(사실)은 진실과 왜곡으로 나눌 수 있는데, 현재 우리 주변에서 일어나고 있는 일들은 각자 자기 중심적 시각으로 인해 첨예하게 갈라진 상태에서 한쪽 면, 또는 극히 일부의 면만을 보고 일어나고 있는 일이므로 많은 부분 왜곡된 현실일 가능성이 높다.

이를 명심해야 한다.

그런데 사람들은 어리석게도 이 왜곡의 현실에 목매고, 집착하며, 울고 웃고 분노하고 두려워하며 갈등하고 다투며 심지어 전쟁까지 벌인다. 또 이 왜곡에 자기 목숨을 끊는 사람은 얼마인가.

이 때문에 사람이 죽을 때면 헛살았다는 말이 절로 나온다. 헛살았다는 말 자체가 왜곡된 현실을 살았다는 뜻과 일맥상통하지 않는가.

우리가 이런 모순에서 빠져 나오려면 더 이상의 왜곡에 목매지 말아야 한다.

왜곡에 목매지 않는 방법은 보이지 않는 지구본의 반대를 보는 시각이 필요하다. 더 이상 한쪽 면에 집착하고 목매다는 일에서 벗어나야 한다.

대화의 문제도 마찬가지다.

무조건 이기고 보겠다는 생각은 내 중심적 사고에서 일어난 왜곡된 생각임을 깨달을 수 있었다.

나는 이를 통하여 그동안 해결되지 않았던 많은 대화 문제들을 해결할 수 있었다. 이제 아내와의 논쟁거리가 생기면 해결점을 찾으려한다. 더 이상 이기려 하지 않는 것이다. 만약 지는 것이 이기는 것이란 진리를 몰랐다면 결코 일어날 수 없는 소중한 경험이다.

Think episode

chapther 10 지는 것이 이기는 것이다
〈핵심 문장 정리〉

❶ 토론의 목적은 서로 치고받는 언쟁을 통하여 합에 이르고 유용한 결론을
도출해내는 데 있는 것이다.

❷ 이긴 게 이긴 게 아니다.

❸ 지는 것이 이기는 것이다.

❹ 사람들은 약은 좋은 것이고 독은 나쁜 것이라 믿고 있지만 때론 약이 독이
되기도 하고 독이 약이 되기도 한다.

❺ 경기나 전쟁에서 본질적인 승리란 있을 수 없다. 보는 시각에 따라 모두가
패자가 될 수도 있고 모두가 승자가 될 수도 있다.

chapter 11

진짜 이기는 대화를 하려면

나를 죽이는 대화를 해야 한다

진짜 이기는 대화를 하려면 나를 죽이는 대화를 해야 한다.

이게 무슨 살벌한 말일까?

앞에서도 강조했듯 이기는 대화란 상대를 힘으로 눌러 이기는 대화가 아니다.

때로는 지는 것이 이기는 것일 수 있고 도리어 죽어가는 상대를 살리는 대화를 한다면 이것이야말로 진정한 이기는 대화인 것이다.

그런데 우리는 왜 이런 대화를 하지 못하고 자꾸 상대를 죽이는 대화를 하려는 본능이 생길까? 어떻게든 상대를 이겨서 내가 그 위에 서려는 마음이 생길까?

그 중심에는 '나'가 있다. 그리고 나라는 존재는 이기려는 본능이 있다.

문제는 이렇게 이기는 것은 결국 지는 것이 되고 현실을 자꾸 왜곡시키게 된다.

나는 왜 이런 나에게 자꾸 속고 살게 되는 걸까?

이를 이해하기 위해 나라는 존재구성을 파고들 필요가 있다.

'나'라는 존재를 구성하는 핵심은 '자아'이다.

인간의 마음을 구성하는 자아는 고귀한 것이어서 스스로를 존중하는 마음을 가진다. 이것을 자아존중감, 즉 자존감이라 한다. 한편 자아는 남에게도 존중받기를 원하는데 이를 자존심이라 한다.

그런데 이런 자존감이나 자존심은 나 중심으로 보는 시각에서 드러나는 자아이다. 따라서 자존감과 자존심을 지배하는 핵심가치는 욕심에 있다.

욕심慾心이란 대개 더 많은 것을 갖고 싶어 하는 마음이라 알고 있지만 여기에는 더 깊은 뜻도 있다. 즉 자기(만)의 이익을 추구하고 싶은 마음이다.

욕심의 뜻이 단지 물질에 국한한다면 탐심이라는 표현을 따로 쓸 필요가 없다. 탐심이란 물질을 탐하는 욕심이다. 또 욕심이 단지 분수에 넘치게 더 갖고 싶은 마음이면 욕심을 과하게 부린다는 과욕이란 표현을 따로 쓸 필요가 없다.

따라서 욕심의 진정한 의미는 자기의 이익을 추구하는 마음이다.

다음 욕심의 종류들은 이를 증명해 준다.

식욕, 성욕, 학구욕, 명예욕, 놀이욕, 재물욕, 건강하고 싶은 욕심, 예뻐지고 싶은 욕심…… 등 모두가 자신의 이익을 추구하기 위한 마음일 것이다.

이처럼 욕심은 자기중심적이기에 타인과의 관계에서 필연적으로 경쟁구도를 만들어낸다. 경쟁에서 이겨야 자기의 이익을 얻을 수 있기 때문이다.

이때 욕심은 경쟁에서 이기면 자존심이 높아지지만 경쟁에서 지면 자존심에 상처를 입는다. 그리고 자존심에 입은 상처는 열등감을 만들어낸다. 즉 나 중심의 자아가 욕심이라는 가치로 생성해 내는 것들은 경쟁, 자존심, 열등감……, 이런 것들이다.

우리는 이미 삶을 통하여 이런 것들이 우리에게 얼마나 고통을 주는지 경험으로 알고 있다. 그 근원에 나 중심의 욕심이라는 자아가 도사리고 있었음을 아는 사람은 많지 않다.

어쨌든 우리가 대화나 토론을 할 때 왜 상대를 이기려는 마음이 생기는지 그 근원을 알게 되었을 것이다.

나를 죽이는 대화를 해야 한다는 이유도 여기에 고스란히 담겨 있다. 나, 즉 자기중심적인 나를 죽이지 않고는 자꾸 욕심이라는 가치가 발동되기에 상대를 힘으로 이기려는 대화, 죽이려는 대화를 할 수밖에 없다.

이러한 '나'가 죽어줘야 비로소 나 중심의 우물에서 빠져나와 상대
를 지켜보며 참 대화를 할 수 있게 된다. 이때 비로소 나는 진짜 지지
않는 대화, 이기는 대화에 동참할 수 있게 된다.

상대를 살리는 대화를 해야 한다

진짜 이기는 대화의 본질은 상대를 살리는 대화다.

Q가 건물 옥상에서 몸을 던지려 하고 있다. 그 옆에는 그를 말리
려는 친구가 실랑이를 벌이고 있다.

"난 더 이상 살 가치가 없어! 뛰어내리고 말 테야!"
"흥, 뛰어내릴 테면 뛰어내려 봐. 대신 콘크리트 바닥이 엄청 아플
거야!"

Q가 건물 낭떠러지 아래를 살핀다. 거기 딱딱한 시멘트 바닥이 엄
청 아플 것 같이 보인다.

"그래도 소용없어. 난 죽고 말 테야."

"좋아, 죽는 건 네 자유지만 네 손바닥을 다시 한 번 봐. 넌 만 명 중에 한 명 있을까 말까 하는 일자 손금이 있어. 그건 반드시 성공한다는 뜻이지. 어릴 때 네 아버지가 이야기해줬잖아. 이대로 죽는다면 좀 아깝긴 한데……. 잘 생각해보고 결정해."

Q가 자신의 손금을 살핀다. 거기 선명한 일자 손금이 좍 그어져 있다. 그제야 마음이 움직인다.

'그래, 이렇게 죽긴 아깝다. 한 번만 더 생각해보자.'

이렇게 Q는 뛰어내리려던 건물 옥상의 난간에서 내려오게 되었다.

위 대화에서 친구는 대화를 통해 Q의 목숨을 살렸다. 그야말로 이기는 대화를 한 셈이다. 이처럼 진짜 이기는 대화란 상대를 살리는 대화라 할 수 있다. 그런데 어떻게 이기적인 인간이 이런 일을 할 수 있을까? 놀랍게도 실제 우리 주변에는 이런 일들이 종종 일어나고 있다.

사실 인간의 자아를 지배하는 핵심가치에는 자기중심의 욕심만 있는 게 아니다. 타인을 생각하는 가치도 있다.

이를 양심이라 부른다.

실제 우리 속에 양심이 있다는 것은 누구나 경험으로 알고 있다.

만약 이 양심이 없었다면 우리 사회의 질서는 절대 지켜지지 않았을 것이다. 그나마 양심이 있었기에 타인을 배려하는 마음도 있고 그래서 사회의 질서가 지켜지고 있다.

이러한 양심을 핵심가치로 하여 만들어지는 자아도 있으니 바로 타존감, 타존심이다. 물론 사전에 있는 말은 아니지만 자존감, 자존심이 있다면 당연히 타존감, 타존심도 있게 마련이다.

타존감, 타존심이란 상대와 상대의 가치를 존중하는 마음들이다.

만약 치열한 토론 중에 욕심이 주는 자존심 대신 양심이 주는 타존심이 발현된다면 어떻게 될까?

상대의 의견에 귀 기울이게 될 것이다. 그의 의견도 존중하는 마음이 생겨 자기주장만 내세우기보다 상대의 의견 중에서도 뭔가를 배우려 들 것이다.

이렇게 토론은 내 주장을 펼치는 장이 아니라 상대 의견과의 합을 통한 새로운 지식을 도출해내는 장이 될 수 있을 것이다.

대화중에도 타존감, 타존심이 발현될 수 있다면 굳이 상대를 이기려는 질 낮은 마음은 생기지 않을 수 있다.

그렇다면 어떻게 대화중에 타존심을 드러낼 수 있을까?

이를 위해서는 우선 앞에서 이야기한 나를 죽이는 작업이 선행되어야 한다.

나를 죽이는 작업이란 다름 아닌 내 이기적 자아를 버리는 것이다. 내 이기적 자아 속에는 내가 살아오면서 쌓아온 수많은 지식들이 내 가치관, 내 사고방식, 내 기준, 내 잣대란 이름으로 위대한 성을 이루고 있다. 이것들을 허물지 않는 한 절대 상대에게 타존심을 발휘할 수 없다.

예를 들어 집에서 나는 아내에게 아이들에게 잔소리하지 말 것을 강요한다. 그것이 내 기준, 내 가치관이기 때문이다. 하지만 아내는 끊임없이 잔소리한다. 그것이 아내의 기준, 가치관이기 때문이다.

나와 아내의 충돌 문제는 각자의 가치관과 기준을 내려놓지 않고서는 절대 해결될 수 없다. 자기 가치관, 기준을 갖고서는 타존심을 드러낼 수 없기 때문이다.

결국 내 안에 타존심을 드러내기 위해서는 내 가치관, 내 사고방식, 내 기준, 내 잣대를 허물어야 한다.

이것이 가능할까? 이것은 평생 쌓아온 내 마음의 일부이기에 거의 불가능하다 할 수 있을 것이다. 하지만 내 가치관, 기준이 문제가 있고 잘못되었다는 것을 알게 되면 어떨까? 이때는 이야기가 달라진다. 더욱이 그 잘못된 것 때문에 내가 고통받고 있다면 이것은 잘못을 넘어 어리석은 짓이 되고 만다.

만약 사람들이 세상의 모든 문제(불안, 두려움, 갈등, 고통 등 모든 어려움을 포함한)가 나의 조건적 잣대 때문이라는 사실을 알면 소스라치게 놀랄 것이다. 하지만 이는 사실이다.

인간은 누구나 유전과 교육 환경을 통해 마음에 형성된 자신만의 가치관, 기준, 잣대라는 신념을 갖고 있다.

나는 이런 사람이고, 이런 건 좋아하고 저런 건 싫어한다. 이런 것은 이렇게 해야 하고 저런 것은 저렇게 해야 한다. 그렇게 하는 사람은 이해되지만 그렇게 하지 않는 사람은 이상하고 심지어 밉기까지 하다.

이러한 나의 가치 기준은 사회적 가치 기준을 따라가는 것도 있고 그렇지 않은 것도 있다. 예를 들어 사회는 경쟁을 가치로 내걸지만 내 가치는 상생이 될 수 있다. 어쨌든 나는 나도 모르게 무의식 속에 이와 같은 수많은 내 기준의 조건을 만들어 조건에 맞으면 좋고 맞지 않으면 싫은 삶을 살아간다.

좋은 조건이 펼쳐질 때야 좋겠지만 모든 문제는 싫은 조건이 펼쳐질 때 발생한다. 불평불만 갈등 다툼 증오 미움 등.

나는 내 조건의 잣대를 대고 고집을 주장하고 상대 조건의 잣대로 고집을 주장한다.

이런 상황에서는 문제해결의 기미가 보이지 않는다.

바로 이것이 현재 세상의 모습이다.

개인 간의 갈등도 단체 간의 갈등도 국가 간의 갈등도 다 이런 자기기준의 조건 때문에 발생한다.

그런 면에서 자기중심의 조건은 모든 인간 어려움의 뿌리이기도 하다.

내 조건을 고집하기에(상대 조건과 충돌이 생기므로) 스트레스가 생긴다. 그 스트레스는 내 정상적 생활의 질서를 무너뜨려 유전자를 변형시키고 세포를 변질시켜 질병을 유발한다. 즉 모든 질병의 뿌리도 조건에서 나오는 셈이다.

또 내 조건은 인간관계의 어려움을 일으키는 주범이 된다. 내 조건과 맞지 않는 상대와 갈등을 유발할 수밖에 없기 때문이다.

경제적으로도 조건은 경쟁과 비교를 유발해 빈익빈부익부를 양산해낸다. 즉 경제적 어려움의 주범도 결국 조건인 셈이다.

그 외 내면의 갈등, 고통, 체면, 권력욕 등 인간이 겪고 있는 모든 어려움의 주범이 바로 내 중심적 조건적 사고에서 나온다. 안타까운 것은 그럼에도 불구하고 모든 인간이 이 어리석은 자기중심적 조건을 버리지 못한 채 오늘도 살아가고 있다는 사실이다.

자기중심적 가치관, 사고방식, 기준, 잣대 등의 조건이란 이런 것이다. 이러한 자기중심적 조건의 무서움을 몸으로 체득했다면 아마도 최소한 내 조건을 버려야 하겠구나 하는 생각을 갖게 될 것이다. 물론 그럼에도 당신이 당신의 기준과 조건이 무조건 옳기에 버릴 수 없다면 그때는 어쩔 도리가 없긴 하지만 말이다.

실력 없이 이기는 대화는 없다

이런 생각을 할 수도 있을 것이다.

'아니 지금까지 내가 배워왔고 쌓아왔던 지식이 잘못된 것이라면 도대체 진짜 지식은 어디에 있단 말인가?'

이에 대해 나는 실력(實力)으로 검증해낼 수 있다고 생각한다. 여기서 실력(實力)이란 지식이나 스펙의 높음이 아닌 실제 현실에서 해낼 수 있는 능력이다.

오늘날 우리 사회는 스펙이 아닌 이런 실력을 요구한다.

대화에서도 실력 있는 사람은 실제 대화에서 다른 사람을 살리는 대화를 해내는 사람이다. 만약 당신이 이런 실력을 갖췄다면 당신은 이미 진짜 지식을 갖춘 것이기에 더 이상의 노력을 할 필요가 없다.

그러나 아직도 대화나 토론하는 데 상대를 이기려는 마음이 생기고 경쟁, 비교의 마음이 생기며, 자존심이 상하고 열등감이 생기는 사람은 아직 대화 실력이 부족한 사람이다.

이 경우 현재 내가 가지고 있는 가치관, 사고방식, 기준, 잣대 등을 실제 적용 가능한 지식으로 대폭 수정할 필요가 있다. 이와 같이 가치관, 사고방식, 기준, 잣대 등을 새로운 실제적 지식으로 대폭 수정하는 과정이 실력을 쌓는 과정이 된다.

이러한 실력 없이 이기는 대화도 없다.

결국 이기는 대화란 실력을 갖춘 사람들이 할 수 있는 대화다. 여러분들이 이 책을 읽고 있는 이유도 이러한 실력을 쌓기 위한 일환이 될 수 있다.

어떻게 하면 이러한 실력을 쌓을 수 있는지에 대해서는 다음 장에서 알아보도록 하겠다.

내 실력이 높은 상태에서 져주는 대화가 이기는 대화다

만약 내가 높은 대화 실력을 갖추었을 때를 상상해 보자.

상대와의 대화가 시작된다. 상대는 나의 상황을 모른 채 나를 이기려 든다. 이에 과거 같으면 나도 지지 않을 테지만 나는 그런 상대를 이기려 들지 않는다. 대신 상대의 주장을 인정해주면서 내 주장에 대해서는 직설적 표현이 아닌 비유를 들어 설명해준다. 상대가 알아들으면 좋고 듣지 않으면 그걸로 족하다.

나는 상대가 저렇게 주장하는 것에 대해 충분히 이해할 수 있다. 저 상황에서는 저렇게 생각할 수밖에 없으므로 저 상황 자체를 존중해 주는 것이다.

이렇게 대화가 끝나면 상대는 자기가 이겼다고 생각할 수도 있다. 하지만 돌아가 생각해보면 그게 아니란 걸 언젠가는 깨닫게 된다. 자신이 침 튀기며 토해냈던 주장들이 뒤집히는 일들이 사회현상으로 일어나기 때문이다.

잘못된 것은 반드시 그것을 고치기 위한 환경이 들이닥치게 돼 있다. 그때 상대는 자신의 잘못을 깨닫고 내가 생각나 나를 찾아올 수도 있다. 그때는 내가 내 주장을 펼쳐도 상대는 내 말을 듣게 돼 있다.

결국 져주는 게 이긴 것이 되는 셈이다.

실력을 갖춘 자가 져주는 모습은 아름답다

어릴 적 동물 키우기를 좋아해 마당에 땅개 한 마리와 도사견 한 마리를 동시에 키운 적이 있다.

그때 가끔 땅개와 도사견이 서로 장난을 친다.

하루는 학교 다녀오는데 양지바른 햇빛에서 둘이 장난을 치고 있는 모습이 보였다. 그날따라 둘이 격투기를 하는데 덩치가 상대가 안 되므로 땅개는 힘들게 뒷다리까지 치켜세운 채 도사견의 얼굴을 때리고 있고 도사견은 편히 앉은 채 앞발만 살짝 들어 반격하고 있다. 진짜 싸우면 상대도 안 될 것인데 도사견이 땅개의 공격을 받아주고 있는 모습이 왠지 정겨웠다. 그렇게 하므로 땅개의 기도 살려주고 서로의 우애도 키울 수 있다.

우리 아이들이 어릴 때 나도 아이들과 일부러 씨름 같은 것을 할 때가 있었다. 그러면 나는 백발백중 아이들에게 일부러 져준다. 그때 아이들은 기가 오르고 그렇게 성장해 나간다.

이처럼 실력을 갖춘 자가 져주는 모습은 아름답다.

대화도 마찬가지다. 내가 대화 실력을 갖추었다면 얼마든지 상대에게 져주어도 그 모습은 아름다운 모습이 될 수 있다. 하지만 내가 대화 실력도 없는 상태에서 지는 것은 진짜 지는 것이 되고 만다. 이 사실을 명심해야 한다.

Think episode

chapther 11 진짜 이기는 대화를 하려면

〈핵심 문장 정리〉

❶ 진짜 이기는 대화를 하려면 나를 죽이는 대화를 해야 한다.

❷ 인간의 마음을 구성하는 자아는 고귀한 것이어서 스스로를 존중하는 마음
을 가진다. 이것을 자아존중감, 즉 자존감이라 한다. 한편 자아는 남에게도
존중받기를 원하는데 이를 자존심이라 한다.

❸ 욕심의 진정한 의미는 자기의 이익을 추구하는 마음이다.

❹ 양심을 핵심가치로 하여 만들어지는 자아도 있으니 바로 타존감, 타존심
이다.

❺ 타존감, 타존심이란 상대와 상대의 가치를 존중하는 마음들이다.

❻ 실력(實力)이란 지식이나 스펙의 높음이 아닌 실제 현실에서 해낼 수 있는
능력이다.

chapter 12

내 대화 실력을 키우는 방법

내 실력을 키우려면 상대 에너지를 흡수해야 한다

대화 실력을 키운다 하니까 아마도 많은 책을 읽고 높은 지식을 쌓는 것을 생각하게 될 것이다. 하지만 그것은 상대를 지식이란 무기로 누르는 힘만 기르는 것일 뿐 진짜 대화 실력과는 거리가 멀다.

책에 있는 지식이란 이론 지식일 뿐이다. 이것은 물론 소중한 것이지만 때로는 실제 경험에서 무용지물이 될 수도 있다.

시대는 이 순간도 빠르게 변화하고 있고 책의 기록은 과거에 머물러 있다.

학교에서 배운 지식 중 사회에서 써먹히는 지식이 과연 몇 %나 되겠는가를 생각해 보면 책에 기록된 지식의 한계를 알 수 있다. 나아가

실용에 도움이 된다는 자기계발서 등의 책도 사실상 실전에 적용하기에는 마찬가지 한계를 가진다.

또한 책의 지식에는 기록의 한계라는 것도 있다.

〈장자〉천도 편에 나오는 다음 예화에 그 이유가 잘 나타나 있다.

—폐하(제환공)께서는 지금 무슨 책을 읽고 계십니까?

—성현의 말씀이니라.

—그 성현이 지금 살아 계십니까?

—아니다. 이미 돌아가셨느니라.

—그렇다면 폐하께서 지금 읽으시는 것은 옛사람의 찌꺼기올시다.

—네 이놈, 수레바퀴나 깎는 주제에 옛 성현의 말씀을 찌꺼기라고 하다니, 네가 무엇을 알기에 함부로 그따위 말을 하느냐. 만약 네가 그 말을 나에게 납득되도록 설명을 하지 못하면 너는 죽으리라.

—소인은 수레바퀴를 깎는 놈입니다. 제가 알고 있는 이 일에 비추어 그 말을 설명해 올리겠습니다.

제가 수레바퀴 구멍을 깎을 때 망치질을 너무 느리게 하면 헐렁해서 살이 꼭 끼지 않고, 또 너무 세게 하면 빡빡해서 잘 들어가지 않습니다. 느리지도 않고 재지도 않고 알맞게 깎는 이 기술은 손에 익고 마음에 응하는 것이어서 말로는 표현할 수가 없습니다. 거기에는 묘한 기술이 있습니다마는, 저는 그것을 자식에게 가르칠 수 없고 자식도 그것은 제게서 배울 수가 없어서, 나이 70이 되도록 이렇게 수레바퀴를 깎고 있습니다.

제가 가지고 있는 기술은 제가 죽으면 저와 함께 무덤으로 들어갑니다.

옛 성현께서도 저와 마찬가지로 그 깨달은 바를 전하지 못하고 죽었을 것입니다. 그리고 그 깨달음은 성현과 함께 무덤으로 들어갔을 것입니다. 그 성현이 무덤으로 가지고 갈 수 없었던 것, 그것을 글로 써 놓았을 것입니다. 그러니 그 책은 성현의 찌꺼기가 아니고 무엇이겠습니까?

— 출처: 장자, 천도 편, 이홍우, 1992, pp. 77-79에서 재인용

이 예화가 상징하는 것이 무엇인가? 인간의 경험 중에는 글로 기록할 수 없는 것이 훨씬 더 많다. 그런 면에서 글로 기록해 놓은 책은 저 수레바퀴공이 말한 것처럼 인간 경험의 찌꺼기에 불과할 수도 있다.

중요한 것은 실제 경험에서 써먹을 수 있는 이론지식이다. 그런 지식이 아니라면 그것은 찌꺼기에 불과할 뿐이다.

그러므로 진짜 실력은 실제 경험에서 거의 이루어진다.

이를 위한 이론적 공부는 30%만 해도 부족함이 없다. 30% 중 10%만이라도 실제 경험에 써먹을 수 있다면 그것은 나에게 100%짜리 경

험지식으로 작동할 수 있다.

지금부터라도 내가 만나는 상대를 예사로이 대해서는 안 된다. 그들과의 대화를 가볍게 여겨서도 안 된다. 바로 이들과의 실전 대화 경험에서 가장 많은 실력을 쌓을 수 있다.

천 시간 이론 공부를 하고 나와도 실전에서 하나도 써먹을 수 없다면 나는 아직 실력이 하나도 향상되지 않은 사람에 불과하다.

내가 만나는 사람 중 혹 나와 관계가 불편하거나 적대관계이거나 대화가 잘 통하지 않는 사람들은 더 소중한 공부 대상이 된다. 이들과의 대화 경험에서는 더 많은 것을 배울 수 있다. 만약 이들과의 대화에서 관계를 회복하는 대화까지 나갈 수 있다면 그때 내 실력은 한 단계 올라서게 된다.

실전 대화에서 내 실력을 쌓는 첫 번째 방법은 상대의 대화를 흡수하는 것이다. 흡수한다 하니 무슨 말일까 하고 의아해하겠지만 이는 그야말로 스펀지가 물을 빨아들이는 장면을 생각하면 된다.

바닥에 물이 흘렀을 때 스펀지를 갖다 놓으면 굳이 닦지 않아도 물이 서서히 스펀지 속으로 흡수된다. 이때 스펀지는 물의 흡수를 싫어하거나 방해하지 않는다.

실전 대화도 마찬가지다.

상대와 이야기하다 보면 내 생각과 맞지 않아 부딪치는 부분이 있다. 이때 상대의 말은 나에게 흡수되지 않고 튕겨져 나간다. 내 것이 되지 못한다는 이야기다.

상대의 말을 흡수하라는 것은 바로 이런 부분을 경계하라는 것이다.

상대가 뱉는 말이 내가 보기에 옳고 그름을 따지지 말고 처음에는 무조건 이해하고 받아들여야 한다. 이것이 바로 흡수다.

상대의 말을 흡수하는 것이 중요한 까닭은 이것을 계속 흡수하다 보면 내 내공이 차기 때문이다. 이렇게 내 내공이 꽉 찰 때 이것이 실력으로 드러난다.

아무리 지식이 높은 사람도 힘이 장사인 사람도 내공이 높은 사람에게든 당하지 못한다.

내공이 높은 사람은 어떤 상황에서도 상대를 살리는 대화를 할 수 있다.

앞에서 죽기 직전의 사람을 살리는 대화를 할 수 있었던 까닭도 그가 지식이 뛰어났기 때문이 아니라 내공이 높았기 때문이다.

또한 내공이 높은 사람은 대화를 할 때 지식 대신 지혜를 사용하게 된다.

지식이란 사람을 죽이는 데 사용될 확률이 높지만 지혜는 사람을 살리는 데 사용되는 무기다.

따라서 나의 대화 실력을 쌓고 싶다면 지금부터 내가 만나는 모든 사람들의 말을 흡수해야 한다.

상대 에너지를 흡수하려면 이기심을 없애야 한다

상대의 말을 흡수하라는 게 말은 쉽지만 행동으로는 무척 어렵다.

나는 이것이 얼마나 어려운지 이미 경험으로 알고 있다. 아무리 상대의 말을 흡수하려 해도 어느 순간 불쑥 내 주장, 내 반발이 튀어나오고 만다. 상대의 말을 흡수하는 훈련법은 그 순간 도루묵이 되고 만다.

나는 이런 실패를 무수히 경험했다. 이것이 안 되는 이유는 역시 아직 기본이 안 되어 있기 때문이다. 즉 내 이기심을 버리고 상대를 존중하는 것, 이 가장 기본적 재료가 준비되지 않았기에 늘 요리는 실패하고 마는 것이다.

어떻게 내 이기심을 잠재울 수 있을까?

이를 위해 불교의 공개념이 도움을 줄 수 있다.

공은 공공이란 말도 있듯 내 주관적 이기심이 아닌 전체의 시각으로 세상을 보는 눈이다. 또 전체를 보기 위해서는 내 중심의 이기적 시각을 없애야 하므로 공은 無(내가 없는)의 시각으로 보는 눈이기도 하다. 그래서 공은 전체이기도 하고 무이기도 하다.

내 주관적 시각으로 보는 눈은 공이 될 수 없다. 한쪽 또는 일부의 시선으로 세상을 보는 시각이기 때문이다.

내 주관과 객관이 합하는 지점(전체가 되는 지점)이 될 때 비로소 공이 되었다 할 수 있다.

세상의 진리, 자연의 이치, 진상(진짜 현상)은 바로 이 공의 시각에서만 볼 수 있다. 공이야 말로 진짜 눈으로 보는 시각이기 때문이다.

하지만 우리가 내 주관으로 보고 있는 세상은 공이 아닌 시각이기에 모두 진상이 아닌 왜곡된 상이 된다. 이는 진실의 세계를 보는 것이 아니라 진상을 왜곡하여 보는 눈이 되기 때문이다.

진상을 왜곡하여 보는 예는 많다.

주지 스님이 소자에게 아랫방에 들어가 누가 있는지 보고 오라 했다. 소자가 방에 들어가 확인해본 결과 아무도 없다고 아뢰었다. 그러자 주지 스님이 잘못 봤다며 머리를 쳤다.

이때 전체의 시각(공개념)으로 보는 진상은 그 방에 아무도 없는 것이 아닌 소자 한 사람이 있는 것이 된다. 하지만 소자는 자기의 주관으로만 방을 봤기에 자기를 놓쳐 아무도 없는 것처럼 보았다. 이는 주관과 객관을 분리해 방을 보았기에 나타난 결과다.

만약 주관과 객관을 하나로 보면 그 방에 내가 있으므로 정확한 사물을 보는 눈을 가지게 된다. 하지만 주관만으로 보는 눈은 사물을 왜곡하여 보게 된다.

또 동굴에서 동굴의 한쪽 벽만 보고 사는 사람은 햇빛에 의해 동굴 벽에 비친 바깥 동물들의 그림자를 실상인 줄 알고 살아간다. 하지만 이는 진짜 상이 아닌 허상일 뿐이다.

별을 보는 것도 허상에 해당한다. 눈에 보이는 별 중에는 몇억 광년 떨어진 별도 있다. 즉 몇억 광년 전에 빛난 별의 빛이 지금 지구에 도달하여 내 눈에 보이고 있는 셈이니 그 별빛은 지금 빛나고 있는 것을 보는 게 아니므로 허상이다. 어쩌면 지금 이 순간 그 별은 소멸되어 없어졌을지도 모른다.

이처럼 사람들은 왜곡된 시선으로 오늘도 자기 눈에 보이는 현상이 진상인 줄 알고 살아간다. 사실은 왜곡인 상인데도 말이다.

결국 인간은 왜곡된 현실에 울고 분노하고 불안해하고 살아가는 셈이니 이보다 어리석은 일이 없다. 그래서 세상의 모순에서 벗어나려면 공개념을 바르게 이해하는 것이 무엇보다 중요한 것으로 다가온다.

만약 이 공개념을 정말 이해하고 깨닫는다면 최소한 내 이기적 시각에서는 벗어날 수 있다. 그러면 그때 내 이기적 자리가 비니 자연히 상대의 말이 흡수하여 들어올 여지가 생길 것이다.

최고의 실력은 상대를 알아주고 인정해주고
존중해주는 것이다

이렇게 하여 대화 실력을 쌓은 사람은 어떤 모습을 갖게 될까?

첫째, 상대를 알아주는 사람이 된다.

오늘날 사람들은 자신을 알아주지 않는 세상에 목말라 있다. 이러한 때 누군가 자신을 알아주는 것보다 더 힘이 나는 것은 없다.

둘째, 상대를 인정해주는 사람이 된다.

오늘날은 모두가 잘난 사람들이기에 누가 누구를 인정해주는 데 인색해 있다. 특히 가정에서 남편은 아내의 인정에 굶주려 있다. 인정은커녕 혹독한 무시에 시달리고 있다. 이런 남편들이, 또 인정받지 못하는 사람들이 인정받는다면 이는 곧 우리사회를 살리는 일이 되기도 할 것이다.

셋째, 상대를 존중해주는 사람이 된다.

인간은 누구나 존엄성을 가지고 있다. 그런데 자신은 존중받고 싶지만 상대를 존중하는 것처럼 힘든 일이 없다. 그래서 많은 사람들이 존중받기는커녕 인권을 유린당하는 일도 쉽사리 자행되는 사회가 되어가고 있다. 이러한 시대에 자신이 존중받게 된다면, 이런 일이 범사회적으로 일어난다면 이는 곧 우리 사회의 가장 영향력 있는 뉴패러다임으로 떠오르게 될 것이다.

상대를 알아주고, 인정해주고, 존중해주는 것 이 세 가지를 모두 포함하여 '겸손'이라 이른다.

즉 실력 있는 사람은 곧 겸손한 사람인 것이다.

이에 더하여 실력 있는 사람은 다음 세 가지를 더 겸비한 모습을 가진다.

하나, 매사에 겸손한 사람이 된다.

곧 상대 앞에 자기를 내세우지 않고 상대를 존중하며 상대의 필요를 살핀다.

둘, 매사에 정성을 다하는 사람이 된다.

정성은 상대를 존중하기에 일어나는 태도다. 상대를 존중하기에 함부로 대할 수 없고 정성들여 대해야 한다.

셋, 늘 감사하며 살게 된다.

고마움과 감사의 차이는 소극적 태도와 적극적 태도의 차이와 같다. 즉 고마움은 그저 상대의 호의를 기쁘게 여기는 마음 그 자체이지만 감사感謝는 느끼어서感 사례謝까지 표하는 것을 뜻한다.

실력 있는 자가 늘 감사하게 살 수밖에 없는 이유는 사실상 어려움 앞에서도 감사할 수 있는 실력이 있기 때문이다.

좋은 일에야 감사가 쉽지만 어려운 일에도 어떻게 감사할 수 있을까?

세상에 어려움을 좋아하는 사람은 없다. 그럼에도 불구하고 어려움을 피해갈 수 있는 사람도 없다.

자연은 왜 인간에게 끝없는 어려움을 제공할까? 그것은 어려움에 뭔가 유익이 있기 때문이다.

실상 인간의 발전은 어려움이 있었기에 가능했다. 모든 것이 평안하고 좋았다면 굳이 문화와 기술을 발전시킬 이유도 없었을 것이기 때문이다.

나는 어려움이 주는 가장 큰 유익으로 겸손을 이야기하고 싶다.

인간은 스스로 잘난 존재이기에 어려움을 만나지 않으면 좀체 겸손해지기 쉽지 않다. 어려움 앞에서야 비로소 머리가 숙여지는 존재다.

내가 그 증인이다.

조금만 일이 잘 풀리면 교만이 고개를 쳐든다. 이때 트러블이 생기면 내 주장이 앞선다. 좀처럼 교만에서 벗어날 수 없다.

이 교만은 어려움이 닥쳐서야 비로소 잘못을 뉘우치고 겸손으로 모습을 바꾼다. 그런 면에서 어려움은 비록 힘들긴 하지만 겸손을 가

져다주기에, 또 인생의 바른 답으로 교정하는 시간을 가져주기에 매우 고마운 존재라 하지 않을 수 없다.

이런 이유로 실력 있는 사람은 늘 감사하며 살 수 있게 되는 것이다.

이상 겸손, 정성, 감사 이 세 가지를 합하여 '사랑'이라 이른다.

chapther 12 내 대화 실력을 키우는 방법
〈핵심 문장 정리〉

❶ 중요한 것은 실제 경험에서 써먹을 수 있는 이론지식이다. 그런 지식이 아니라면 그것은 찌꺼기에 불과할 뿐이다.

❷ 진짜 실력은 실제 경험에서 거의 이루어진다. 실전 대화 경험에서 가장 많은 실력을 쌓을 수 있다.

❸ 공은 전체이기도 하고 무이기도 하다.

❹ 아무리 지식이 높은 사람도 힘이 장사인 사람도 내공이 높은 사람을 당하지는 못한다.

❺ 상대를 알아주고, 인정해주고, 존중해주는 것 이 세 가지를 모두 포함하여 '겸손'이라 이른다.

❻ 겸손, 정성, 감사 이 세 가지를 합하여 '사랑'이라 이른다.

〈돈을 버는 습관〉 이경윤 저, 머니플러스, 2017

〈물은 답을 알고 있다〉 에모토 마사루 저 | 홍성민 역, 더난출판, 2008

〈손자병법〉 모공편 손자 저 | 김원중 역, 휴머니스트, 2016

〈아내를 위하여〉 토마스 하디 | 김명철 역, 왓북, 2017

〈무한도전〉 무한상사 '고운 말 캠페인 편'

〈누구나 성격 바꿀 수 있다〉 고코로야 진노스케 저 | 이해수 역, 좋은날들, 2013

〈정법강의〉 3239~40강 화해

〈영화 보안관〉 The Sheriff In Town, 2016 제작, 감독 김형주

〈장자〉 천도 편, 이홍우, 1992, pp. 77-79에서 재인용

비속어 참고: http://blog.daum.net/daiajung/14412780